语文教育与人文素养研究

张想林 ◎ 著

吉林出版集团股份有限公司

版权所有　侵权必究

图书在版编目（CIP）数据

语文教育与人文素养研究 / 张想林著. — 长春：吉林出版集团股份有限公司，2023.9

ISBN 978-7-5731-4381-5

Ⅰ．①语… Ⅱ．①张… Ⅲ．①语文教学—教学研究 Ⅳ．①H19

中国国家版本馆 CIP 数据核字（2023）第 191668 号

语文教育与人文素养研究

YUWEN JIAOYU YU RENWEN SUYANG YANJIU

著　　者	张想林
出版策划	崔文辉
责任编辑	王　媛
封面设计	文　一
出　　版	吉林出版集团股份有限公司
	（长春市福祉大路5788号，邮政编码：130118）
发　　行	吉林出版集团译文图书经营有限公司
	(http://shop34896900.taobao.com)
电　　话	总编办：0431-81629909　营销部：0431-81629880/81629900
印　　刷	廊坊市广阳区九洲印刷厂
开　　本	787mm×1092mm　1/16
字　　数	250千字
印　　张	14
版　　次	2023年9月第1版
印　　次	2024年1月第1次印刷
书　　号	ISBN 978-7-5731-4381-5
定　　价	78.00元

如发现印装质量问题，影响阅读，请与印刷厂联系调换。电话 0316-2803040

前　言

　　语文是我们的精神世界中不可缺少的一种营养元素。正如一位学者所云："语文是一种知识，但更是我们生命的营养，一旦缺乏，生命就会苍白；语文是一门科学，但更是我们生命健康的一种元素，削弱了它，我们就会缺乏必要的生活力量。"语文以其特有的实际工具性和超越世俗的人文性，延展人的阅历空间、丰厚人的文化积淀、丰富人的精神世界，以经典的文明气质健全人格，以深厚的文化传统提升品格。正如学者钱理群所强调的，语文教育在人的精神构建方面有着特殊的意义与功用。语文教学中如果人文性缺失，就会使得学生人文精神的丧失，导致其人格不健全、心理不健康、思想颓废等。

　　高校是培养高素质人才的主阵地，职业院校学生素质的高低影响着未来整个民族素质的高低。人文素养是职业院校生整体素养的重要组成部分，对于职业院校生的素质提升具有方向性和引领性的作用。积极开展并切实加强人文素养教育，是培养职业院校生较高人文素养的重要渠道和方式，在整个高等教育体系中有着不可替代的重要地位。加强职业院校学生人文素养教育则是继承和弘扬中华优秀传统文化、建设中华民族共有精神家园、实现中华民族伟大复兴"中国梦"的重要方面。

　　本书的编写与出版得到了相关领导及同事的关心和支持，在此表示衷心感谢。对本书的编写笔者虽已尽力，但因笔者学识和水平有限，书中难免存在问题和疏漏，敬请专家学者提出宝贵意见，以便今后改正。

目 录

绪　论　语文学科属性的定位 ………………………………………………… 1

第一章　职业院校语文教育的本质 …………………………………………… 8
　第一节　语文教育的工具性 …………………………………………………… 8
　第二节　语文教育的民族性 …………………………………………………… 13
　第三节　语文教育的人文性 …………………………………………………… 24
　第四节　语文教育的本质观 …………………………………………………… 33

第二章　职业院校语文教学理论基础 ………………………………………… 38
　第一节　建构主义理论 ………………………………………………………… 38
　第二节　系统科学理论 ………………………………………………………… 42
　第三节　多元智力理论 ………………………………………………………… 48
　第四节　人本主义学习理论 …………………………………………………… 52
　第五节　现代教学结构理论 …………………………………………………… 57

第三章　职业院校语文的功能与教学目标 …………………………………… 62
　第一节　职业院校语文是母语高等教育的主渠道 …………………………… 62
　第二节　职业院校语文是传承中华优秀文化的好平台 ……………………… 67
　第三节　职业院校语文的教学目标 …………………………………………… 72

第四章　职业院校语文课堂教学优化体系构建 ……………………………… 81
　第一节　语文课堂优化的基本规律 …………………………………………… 81
　第二节　语文课堂教学目标优化 ……………………………………………… 93
　第三节　语文课堂学习环境优化 ……………………………………………… 103

第五章　高职语文和谐课堂的创设 …………………………………………… 115
　第一节　和谐课堂教学的创设之理论基础 …………………………………… 115

第二节　和谐课堂教学的创设原则……………………………………122

　　第三节　和谐课堂教学的创设策略……………………………………128

第六章　基于人文素质培养提升的职业院校语文定位……………………141

　　第一节　职业院校语文的课程定位……………………………………141

　　第二节　人文素质培养与语文能力提升的职业院校语文定位………144

第七章　职业院校人文素质教育的原则、途径和方法……………………149

　　第一节　职业院校人文素质教育的原则………………………………149

　　第二节　职业院校人文素质教育的途径………………………………157

　　第三节　职业院校人文素质教育的方法………………………………171

第八章　职业院校人文素质教育的现状……………………………………177

　　第一节　职业院校开展人文素质教育的必要性………………………177

　　第二节　职业院校语文课程改革对职业院校生人文素质提高的重要作用……181

第九章　职业院校语文与人文素质教育路径………………………………184

　　第一节　职业院校高职语文教育与人文素质的培养…………………184

　　第二节　人文素质视域下的高职语文教育……………………………185

　　第三节　职业院校语文教学中实施经典诵读教育……………………190

　　第四节　职业院校语文教学及提高人文素质的思考…………………199

　　第五节　"N+2"考核模式下的语文建设与教学改革实践…………204

　　第六节　媒介素养教育与高职生人文素质……………………………210

参考文献……………………………………………………………………216

绪　论　语文学科属性的定位

如何认识语文的属性，持怎样的语文观，是推进语文教育改革的关键。目前职业院校语文教育出现的严峻环境和尴尬局面，有很多原因，最重要的原因是对语文学科属性的认识模糊不清。长期以来，人们对语文学科属性的认识更多停留在其工具性上，而忽视了其人文属性，造成了工具性与人文性的严重脱离。语文教育可以说从牙牙学语时便算起了，其后经历了学前、小学、初中、高中、职业院校等阶段，甚至可以说语文的教育与学习贯穿了一个人的一生，每个阶段的教学内容和定位都应该有所侧重和区别。职业院校语文阶段的教育是对之前教育的继续与深化，不是中学语文的简单重复，更不是给中学语文补课。在这一点上，职业院校语文在教学实践过程中定位不明、地位不定、不断边缘化的尴尬处境，导致学生自身的不重视，进而造成学生在言语能力、行为习惯、人文素养等方面的缺失，其程度已远远背离了当初的目标要求。要想突破职业院校语文教育的困境，推进语文教育改革，必须正确认识语文学科的属性，这是整个语文教育改革的起点。

"语文"的语源是"语言文字"，以语言文字为载体，是语文的基本特征，而着重研究语言文字承载和传播信息的规律及其效能是其本质属性。哲学、史学以及其他社会科学也都要以语言为载体，但他们关注的是语言所承载的内容。语文不仅关注语言所承载的内容，更关注语言如何承载规律和传播效果。后者正是语文与其他人文社会学科的根本区别之一。从这个意义上说，语文是指导人们理解和正确运用语言文字表达思想、交流情感的规律和方法的学问。从具体的内容来看，侧重于语言现象，包括语法学、语义学、语用学、修辞学等，就是语言学范畴；

侧重于综合性，包括文学、文章学、文化学等基础知识，就是通常所说的语文。

对于语文的概念和性质历来有多种说法，总括其特性有三点：

一、知识性与感悟性的统一

语文有工具性的作用、知识性的内涵，但语文决不是单纯知识性的，语义更多地以直觉的形式呈现，以知情意统一的特质存在，有着超知识的感悟性。马克思认为"语言是一种实践的，既为别人存在并仅仅因此也为我自己存在的、现实的意识"，海德格尔说"语言是存在的住所"，伽达默尔称"语言是人类拥有世界的唯一方式"。现代哲学、现代语言学理论和心理学研究已经证明，语言远非工具，语言远非一个知识系统。过去，我们主要是在工具论的指导下将语文认识局限在知识性质的范畴，其实是偏颇的。这是语文教育长期陷于讲知识、考知识而没有切实提高学生语文智慧能力泥沼中的根本原因。实际上，语文作为一个教学科目，其中既有知识性的内容，还有更丰富的超知识的智慧性。对语文实践来说，重要的是要获得这种智慧，"约定俗成"的智慧，或称之为"语文素养"。如果没有获得这种智慧，你就是将一些基础知识背得滚瓜烂熟，也不一定能写出像样的文章，甚至无法理解诗文的基本意蕴。1979年吕叔湘先生在《关于中学语文教学的种种问题》中说："我们要有知识，这是不错的，更重要的是要有智慧。你光有知识，你不会用那些知识，那也是枉然。那样的知识没有用，是死的。你有智慧，你就能运用这些知识。所谓智慧，好像这东西很高超，其实不然，智慧就是能动脑筋。你会动脑筋，所有的知识都能供你使唤；你不会动脑筋，那些知识不会为你所用。"

正是基于这样的理解，吕叔湘强调"语文教学的首要任务就是培养学生各方面的语感能力"，认为只有这样，学生"对于语言文字才会有正确丰富的了解力，换句话说，对于语言文字才会有灵敏的感觉"。王尚文说："语感是人对语言直觉地感知、领悟、把握能力，即对语言的敏感，是人于感知的刹那在不假思索的情况下有关的表象、联想、想象、理解、情感等主动自觉地联翩而至这样一种心理现象。"

这种心理机能就是叶圣陶提到的"灵敏的感觉",一种直觉,"一种不经过复杂智力操作的逻辑过程而直接迅速地认识事物的思维活动",也就是一种语文智慧。具备这种直觉智慧,在一听一读之际就能理解语言文字的含义、正误、形象、情味以及在具体运用中的细微差别等,似乎达到了自动化的程度。现代心理学认为,语感是在大脑皮层上建立的相应巩固的言语动力定型。而"言语动力定型中,构成其特有的动作方式的各个环节的动作,是按一定的程序构成的,因而,当这种言语动力定型建立并巩固之后,某种言语活动信号一旦出现就可以自动地引起这一言语动力定型内各个动作的反应"。

这正是语感迅速直接地认知语言的心理基础。语文教育就是要努力培养和促使学生形成这种言语活动联系系统。从这种迅速直接的感知看,语感是感性的;从它涉及的广度看,语感离不开主体的知识面;从它深刻领悟、把握言语的能力看,语感又是理性的。语感其实是感性和理性、知识性与超知识感悟性的统一。"感性中暗含着理性的认识和本质的理解,直觉中潜伏积淀着逻辑理智基础,这样就可以在感性直接关照里,同时了解到本质。"

语感能力的高低决定着语文能力的高低,因为信息交流直接凭借的是语感,离开语感就谈不上信息交流,可见语感是语文能力的基础。语感能力的高低又决定着语文审美能力的雅俗。审美思维离不开良好的语感,言语活动中的审美对象的感受、审美情感的诱发、审美能力的形成都必须基于语感。因此,不少语文专家认为,语感培养是语文教学的支点和中心任务,是语文教学改革的重点和突破口,又是语文教学的目的之所在。

二、民族性与人文性的统一

法国结构主义人类学家列维·斯特劳斯曾对语言与文化的关系做过这样的归纳:从发生学的角度来讲,语言是文化的一个结果;从哲学的角度来讲,语言是文化的一个部分；而从人类学的角度来讲，语言则是文化的一种条件。"首先，这是从历时性方面来看文化的条件，因为我们学习我们自己的文化大多是通过语言。"

"另外，从理论性更强得多的观点来看，语言之所以说是文化的条件，是因为语言所赖以建立的材料同文化所赖以建立的材料是属于同一类型的。由此观点来看，语言好像是为那些相应于与文化的不同方面的更复杂的结构奠定了一种基础。"无论哪个民族的人群，其汲取知识、交流情感、传播文化等，都对语文形式有着深度的依赖，语言是比文化更基础的东西。"语文活动是"人类最基本的人文活动方式"，人类的文化活动和文化成果，就是建立在语言的基础之上的，是由语言提供基本成分和结构的。因此说，语文在各种人文活动中居基础地位，语文最能体现人类精神活动的人文性和人本个性，也最能体现人类族群差异的民族性。

同一民族的语文，不仅具有约定俗成的同一性，体现出鲜明的民族性，而且在语文活动中，始终存在着丰富的情感活动的参与，具有人类群体间的双向互动性、不断反馈的思辨性。从语文与思维之间的关系角度上来看，思维是一切人类语文活动的天然内核。通常，一个民族的语文是这一民族鲜活思维长期发展的结晶，并因此鲜明地烙上了该民族的思维特点。语文活动的主体是人，语文运用中的互动，带有强烈的主体色彩和灵动的悟性，而且对掌握和使用这一媒介的人而言，还具有能动的发展和调适的功能。

语文作为人类生命的工具，从牙牙学语起将伴随一生一世，而且生活的方方面面都离不开语文，都渗透着语文的作用。语文最大限度地载负着本民族丰富的文化、思想和情感内涵，是传播民族文化、培养民族精神最重要的载体；语文是人学，最有利于培养人的美好情感，提高人的修养，获得人的身心健康，这是其他任何学科都难以相比的。

以教学科目出现的语文，是关于中华民族共同语的教育，或者是母语的教育，它不仅是社会交际的工具,同时也是中华民族成员智育、德育、美育的综合体现,是一种民族精神的源流,其中蕴含着浓厚的人文精神和时代特征,而语言则是这些精神思想的载体。语文教育担负着传承、弘扬、发展祖国文化、发扬民族精神的任务,丰富着中华民族的文化底蕴,并为不断创造新的文化提供新的根基。

通过语言,照亮的是张扬着人的自由、人的个性、人的生命精神的世界。对语言的这种功用,西方当代哲学家海德格尔有过精辟的表述:"语言是存在的家园,是人存在的领域。我们只能在语言和存在相遇。语言即言说,言说即指出,让看、让听,它以显现、敞开、照亮的方式呈现世界。"正是语文的这种内在的人文属性,使语文教学本身体现出博大精深的人文内容。从根本上说,语言文字本身不仅是交际的工具,更是生命的符号,是人类用来传递事、理、情、志的载体,是人文精神的载体。作为语文教学内容的文学作品,是社会生活的反映和作家思想情感的表现,表现人性、人道、人权和人生,表现人对大自然的认识和感情。阅读文学作品可以认识历史和人生,提高观察生活、理解生活的能力,古人言"腹有诗书气自华",说的就是这个道理。语文教学过程也渗透着人格气质、胸襟境界、学识修养等各种因素,语文教学中师生的言语行为都发生在"文化背景"中,教师的教学活动是"心灵对心灵的塑造,教书与育人紧密结合",教学中的文化内涵的辐射和传承是在教学双方的感情交流与契合中完成的,经过学生的感悟与运用,教师的"润物细无声"就能水到渠成地实现其价值。

人文素质教育强调的是人应具有全面的知识结构,促使人的知识、情感和意识等全面健康的发展,并为生存竞争提供强大的精神动力,提高境界和事业境界。我们认为,人文素质包含的内容相当广泛,但核心素质之一应该是语文素质。可以说抓住语文教育,就是抓住了人文素质教育的脉搏。

三、读思说写基本功与文史哲艺综合知识的统一

"听说读写"一直被视作语文的基本能力要素,早已公认,这里还要强调一

个"思"字。"听、读"是汲取信息，是"思"的来源，但"学而不思则罔"，"思"是说写的源流，说写是思之内容的外化；没有听读，可能就没有思想，也就无从说写。当然有了思想，并不能保证说写流畅，这主要取决于说写的技能和方法。对青少年来说，听读是汲取知识信息的主要方式；对成年人来说，读写更为重要。不但要多读，还要博读，才能适应信息爆炸、多元化、日益复杂的世界。

文章与文学、文化、语言，都是语文的构成要素。在语文这个范畴内，文化的实体性所指不是别的，正是文章与文学。在这个范畴内，离开了文章和文学，文化只是一个"概念"或"内涵"，作为一种概念性、内涵性的东西，它只能让人领悟到、思索到、体验到，却无法使它在教学活动中与学生"接触""互动"和"融合"，所以在语文中，离开了文章和文学的文化没有可教性。文章和文学、文化、语言这四个范畴是相互层叠蕴含的，它们是全息性的四个范畴。"语言结构是'许多系统的系统'，或者说各种相互有关的范畴的'网络'，其中没有哪个部分是完全独立的，或者完全从属于另一部分的。就语言来说，在把一切都学会以前，没有哪一部分可以完全学会的。"因此，无论持有什么样的语文观，指导学生阅读文章、文学作品和名著，都是不可少的，提高学生的读思说写能力是其基本功。语文不同于文学，语文不仅要给学生情感美的滋养，给学生艺术美的熏陶，同时也要给学生语言文字的方法与技巧。

纯文学重在感悟，而语文课要尽可能充分地发展学生的个体能力体系。其中包括语言能力、思维能力，激发其想象力和创造潜能。"语文教育本质上不是培养小说家和诗人，而是经由'文学'把握汉语的阅读和写作。"语言能力是指以语言积累为基础、语感培养为指向的实践性能力，分别表现为注重情感体验、丰富精神世界、独立自主的阅读能力，耐心专注地倾听、文明得体地表达和沟通、富有感染性和说服力的口语交际能力，感情真挚、条理明确、追求独特感受、有创意的写作能力，以及全球化时代所必备的搜集和处理信息的能力；而思维能力则是与语言能力互为表里、同步发展的，由于课程评价趋向注重学生个体在学习过程中的形成性和发展性，故真正意义上的自主型语言能力之发展，必然内在地刺激着个体思维能力之成长，并进而开发出想象力和创造潜能。就广度而言，个体的精神境界、个性习惯的终身可持续发展将得到可靠的保证；而就深度而言，生命就超越了单纯的知识和技能训练而获得抵达人性深处的灵魂之优化。

因此，走向综合是世界各国母语教育的大势所趋。各国母语教育的综合性，表现在注重语言能力培养的同时，注重思维能力、审美情感、健康人格的培养，将语言教育与学生的学习、活动、生活紧密结合起来，特别注重语文与科学教育、艺术教育的相互融合。

职业院校语文是一项教育学生懂得"中国人为人的道理"（鲁迅）的核心课程和系统工程。它应该是包括文学、美学、教育学、心理学、史学、写作学、艺术学等各门学科在内的职业院校阶段的语文总体教学。

第一章　职业院校语文教育的本质

第一节　语文教育的工具性

语文教育包含双重含义，即教学语言和使用语言教学。无论是叶圣陶先生的"口头为'语'，书面为'文'"说，还是吕叔湘先生的"语言文字"说，只要我们不做狭隘的理解，语文的内涵都是非常清楚的。在教育教学中，语文有别于其他学科，语文学科的教学需要研究与探讨语言本身，不仅要理解其表达的是什么，还要研究是怎样表达的，以及为什么这样表达。而学习其他学科，语言只是一种媒介。由此不难看出，从学科特点而言，作为交际工具、思维工具和文化传承工具的语文，要臻于熟练地掌握它，就始终不能脱离语言的工具性。重视语言训练是语文学习的必由之路，换句话说，脱离或忽略语言工具性特点的语文课都不是真正意义上的语文课。语文学科的重要任务之一，就是让学生系统地学习语言，提高学生正确理解和运用语言的能力，提高学生的观察能力、感受能力、想象能力、思维能力和创造能力，以加深对祖国语言的认识和热爱。语文教育的工具性就表现在语言本身的工具性和语文学科的工具性两个方面。

一、语言本身的工具性

语言是一种社会现象，不是自然现象，也非个人现象。语言和人类社会有着紧密的联系，它依存于社会，更是组成社会的一个不可或缺的因素，是推动社会发展的重要力量。语言是随着人类的产生而产生的，是人类区别于其他动物的一个重要标志，只有人类才有语言。人与人之间、人与社会之间的联系有赖于语言，有了语言，生活在同一社会的人才能共同生产、生活，才能在生产活动和社会实践中得以协调并共同行动，才能将生产、生活经验相互交流。没有语言，人与人之间的联系就无所适从，社会也会解体。总之，语言与社会有着密切的相互依存关系，语言是人们生产、生活的工具。而交际工具、思维工具、思想文化的载体是语言工具性的主要表现。

1. 语言是人类最重要的交际工具

"语言从我们生命伊始、意识初来，就围绕着我们……语言犹如我们思想和感情、知觉和概念得以生存的精神空气。在此之外，我们就不能呼吸。""人生活于世界之中，人也生活在语言之中。语言给世界中的事物命名，世界在语言中向人类开启世界之为'世界'……人总是以拥有语言的方式'拥有'世界，语言把人引领入'世界'之中。"人类的说和写都是为了表达思想、进行交际，而说和写所用的语言就是表达思想和进行交际的工具。

语言是获取、储存、转换、表达信息的重要手段。在现实生活中，人们利用语言工具来表达自己的思想，也通过语言工具理解他人表达的思想。语言对于社会所有成员都是共同的、统一的，不论地位高低、学养优劣，所有人都得遵守社会的语言习惯，谁都不能垄断。但与此同时，人们在使用语言的过程中又可以有不同的风格。比如，人在私人场合和社交场合说话用语必然有所不同，但又都不能偏离语言的基本规则。又如，人们喜闻乐见的相声艺术，它的语言表达不同于说书艺术，也不同于其他的文才作品，更有别于学术论文。它以通俗易懂、幽默含蓄见长，但又不突破人们平时共同遵守的语言规则。所以，尽管表达上有变异，但并不影响受众对它的理解。

众所周知，人们在交际时常用的是语言，但又不限于语言。除了语言，文字、肢体语、旗语、电报代码等也是人们熟知和惯用的交际工具。但无论是文字，还是肢体动作，或其他图形符号等，都是建立在语言基础上的辅助性交际工具。比如文字，是用来记录语言的，利用文字，可以打破语言交际的时空限制。但是，文字在交际中的作用远不如语言，"一个社会可以没有文字，但是不能没有语言；没有语言，社会就不能生存和发展"，只有语言才是人类社会不能缺少的、与人类社会生活的各个方面关系最深的、能充分交流思想感情的交际工具。

2. 语言是人类思维的工具

语言是人类创造的，是人们在社会劳动过程中，为适应交流、传递信息的需要而产生的。而思维是人脑的机能，是对外部现实的反映。语言和思维是两种独立的现象，但两者又如影随形。语言一经产生，就成为思维存在和发展的必要因素，是实现思维、巩固和传达思维成果的工具。依据巴甫洛夫高级神经活动生理学的原理，语言在人脑反映外部现实的生理机制中，担负着第二信号系统的职能。思维则是以抽象的形式间接地、概括地反映外部现实，而语言是思维活动的必要条件。没有语言，间接的概括的思维活动就无法正常进行。语言是思维得以实现的工具，是思维存在的形式，准确、连贯、生动的语言对促进思维的发展起着重要作用。思维成果凭借语言被记录、固定下来，思维的明晰化、形象化，又直接关系着语言的准确性、连贯性和生动性。语言不仅能实现思维成果的表达和传播，更能使思维在已有基础上得以发展。

语言是思维本身的要素，语言的发展水平标志着思维的发展水平。思维和语言是相互依存、相互促进的。语言是现实的思维，是思维的物质外壳；语言外壳又总是包含着思维的内容。思维的发展推动着语言的发展，语言的发展又促进着思维的发展。思维活跃开放，语言自然丰富灵活；思维板结凝滞，语言也就呆板贫乏；思维缜密，语言就会准确；思维混沌，语言也就模糊。

3. 语言是人类文化的载体

文化包括风俗、习惯、地理、历史、宗教、信仰、生产、生活等方面的内容。

语言自从它产生的那一天起，就是以一定的形式和内容出现的。它表达着不同的意义，体现了它与客观世界、人类社会和思维的依存关系。任何民族的语言都记载着本民族的思想和文化。而任何一个民族的文化，都是历史的积淀，反映着该民族人民的劳动创造、艺术成就、价值取向、共同观念和生活习俗等。因此，语言载体观也可以说成是，语言是用来"装载"文化的工具。

二、语文学科的工具性

与其他学科相比较，我国传统语文教学的历史最长。语言随着人类大脑和声带的发育而产生。语言的产生和发展为人类的群居奠定了基础，而群居就构成了人类社会。人类社会的发展需要有共同的交际语——口头语，但口头语不具备时间上的留存性和空间上的延展性，于是就促成了书面文的产生和发展。在口头语阶段，人们依赖的是口耳相传。但有了书面文，就必须有教育，语文教育也就是从有了书面文开始的。然而，从公元前6世纪春秋末期开始，直至19世纪末开办新学堂止，在这悠久的历史中，我国没有"语文"这个概念，也没有专门的语文教材。直至1949年中华人民共和国诞生，政治、经济、文化、教育等各方面都走上了新的发展道路，与上层建筑关系密切的语文教育也面临着创新发展的需要。恰逢此时，时任华北人民政府教科书编审委员会主任的叶圣陶先生提出了"语文"这个新概念，并且指出"口头为'语'，书面为'文'"。此后，对何为"语文"又有过诸多解释。1950年版的语文课本提出"说出来是语言，写出来是文章"，即认为"语文"是"语言文章"；1956年版的语文教材分为"汉语"和"文学"，即认为"语文"为"语言文学"；1963年的语文教学大纲中有"理解运用祖国的语言文字"的表述。无论是"语言文字"说、"语言文章"说，还是"语言文学"说，语言始终是基础，文字、文章、文学都是在语言的基础上产生发展而来的，这也说明了语文学科是以学习语言和运用语言为主，旨在传授、培养学习其他学科所需的语文知识和人生所需的语文技能的一门学科。

1. 语文是学生学习的工具

各门课程的学习都有赖于语文作为工具，因为任何一门课程内容都不能不用语文作为表现形式，任何一门课程的学习都得从识字开始，都需要写字、阅读、口语表达的基本功，都需要思维活动。正如叶圣陶先生所言："语文是工具。自然科学方面的天文、地理、生物、数、物、化，社会科学方面的文、史、哲、经，表达和交流都要使用这个工具。"无论哪一门课程的学习，都离不开语文，除了需要语文来呈现其内容，需要运用语言文字来教学，还需要通过语文来呈现其学习的成果。比如，学习笔记、学习心得、实验报告的撰写，毕业设计、毕业论文的完成，研究成果的总结与表述等，都需要借助语文来实现。尤其是理工科学生在项目论证、撰写实验报告、做计划安排、完成工作总结时，叙事说理，表意抒情都离不开语文，而且若缺乏归纳和总结能力，科研上、技术上的发展就不会有多大潜力。古人有言"言之无文，行而不远"。如果想要把自己的所学所思记录下来，并且让其流传下去，就不仅要用语言把它表达出来，还需要表达得准确、生动、周详，否则注定"行而不远"。而能不能表达出来，和表达得好不好，都与语文有关。

从某种意义上说，语文类似于载我们到达彼岸的船，船只是我们所要借助和依赖的工具，但不是我们的目的，只有彼岸才是目的。可如果没有船这个工具，彼岸也就无法到达。

2. 语文是学生成长发展的工具

迄今为止，人与世界存在四种对象关系，即人与自然的关系、人与外界社会的关系、人与他人的关系和人与内在自我的关系。语文是实现这四种关系的工具，是认识自然、社会、他人和自我的工具。著名哲学家海德格尔在谈论人的本质时明确提出："世界存在于语言之中，语言是存在的家园。"没有语言就没有世界，人也就失去了栖息之所。从这个意义上说，语言是立人之本，亦是人的根本存在方式。要使学生从一个无知的自然人成长为成熟睿智的社会成员，需要不断的学习以增长知识和才干，逐步养成健全的人格，这一过程每时每刻都需要借助语文这一工具。所以，我们需要引导学生通过自主的语言实践活动，积累言语经验，把握祖国语言文字的特点和运用规律，加深对祖国语言文字的理解与热爱，培养运用祖国语言文字的能力。

3.语文是学生认识、参与、改造生活的工具

语文习得是学生成长发展的需要，更是学生生活的需要。每个人都拥有自己的生活，学生也不例外。作为生活的主体，他们也常常用他们特有的目光观察和研究周围的一切，常常为了能够更好地生活而适时地调整自我与周围环境的关系，甚至还有意识地通过他们的语言行为去影响、改变自己和他人的生活。而语文正是他们认识生活、参与生活、改造生活的主要工具。他们不仅运用语文生活，而且在自己的生活中学习运用语文。

语文学习与现实生活总是紧密相随，以至于难以分清谁是目的谁是工具。语文教学的目的从来就不仅仅是学习和掌握语文工具，而是要运用这一工具去认识生活、参与生活和改造生活。教学过程中不能仅仅把学生看作语文训练的对象、语言文字训练的主体，而是要让学生真正成为他们生活的主体，成为自主地学习运用语文这个工具能动地生活的主体。无数事实一再证明，无论是听说还是读写，学生只有真正联系自己的生活，真正融入自己的情感，才能将知识迁移和内化。

第二节　语文教育的民族性

"语文教育通常指的是指导人们学习祖国语言的教育活动。"语文课程是一门教学生学习运用祖国语言文字的课程。每一个国家每一个民族之所以都很重视语文课程、重视母语教育、重视民族传统文化教育，就是为了让自己的下一代热爱并掌握本国、本民族的语言和文化。"在民族语言照亮而透彻的深处，不但反映着祖国的自然，而且反映着民族精神生活的全部历史。人们一代跟着一代传下

去，但是每一代生活的成果都得保留在语言里，成为传给后一代的遗产。一代跟着一代，把各种深刻而热烈的运动的结果、历史事件结果，信仰、见解、生活中的忧患和欢乐的痕迹，全部积累在本民族语言的宝库里。总之，一个民族把自己全部精神生活的痕迹都珍藏在民族的语言里。"正因为如此，语文教育就具有鲜明的民族性。由于语言是以特定的民族形式来表达思想的交际工具，在人对世界、对自身困惑的探究和理解的无穷进程中，语言占有核心地位，是维系人与世界各种关系的基本纽带，是人的思想、感情、意志的主要表达手段。因为人是按照他所学母语的形式来接受世界的，当这一民族在人类历史上作为稳定的共同体出现时，语言就深深地打上了民族的烙印。汉语是当前得到全世界语言学家公认的已知语言（1400多种）中的一种，属于世界十大语系中的汉藏语系，以其独特的构形、语音、语义、语法和语用体现着中华民族的历史积淀，凝结着民族精神、民族情怀、民族立场，闪耀着华史文明的光辉。汉语是汉民族的母语，在几千年的发展历程中，汉语融入了中华民族的情感、态度、价值观，也深深地打上了历史的、地域的、心理的烙印，是一种从形式到表达都充溢着浓郁的民族特性的语言。

一、汉语语音的民族性

我国是一个多民族、多语种的国家。汉语是中华民族的共同语，有古代汉语和现代汉语之分。现代汉语又分为标准语（普通话）和方言。古代汉语是古代汉族人所使用的语言，分为书面语和口头语，因为口头语言无法超越时空的限制，所以，我们现在所说的古代汉语，仅指被记录下来的古代书面语，也就是古代文献语言。现代汉语中的标准语，亦即我们大家熟悉的普通话，是我国的通用语言。普通话是在北方话的基础上发展而来的，是以北京语音为基础音，以北方话为基础方言，以典范的现代白话文著作为语法规范的现代标准汉语。

不同的语言各有自己不同的语音系统，不同的语音亦有各自不同的语音单位。汉语语音的发展大致可以分为上古、中古、近古和现代四个时期。上古音指先秦两汉时期的语音，中古音指六朝到唐宋时代的语音，近古音指元明清时代的语音，现代音则指以现代普通话语音系统即北京音系为代表的语言。普通话的语音系统主要包括声母、韵母、声调、音节以及变调、轻声、儿化等。音节在汉语语音系统中具有非常重要的地位，它是区分汉语语系与印欧语系的一个重要标志。郭绍虞先生就曾指出："古人作文不知道标点分段，所以只有在音节上求得句读和段落的分明；骈文和古文甚至戏剧里的道白和语录都如此，骈文的匀整和对偶，古文句子的长短，主要的都是为了达成这个目的。"因此，音节不仅是汉语与其他语系区分的标志，更使汉语语音产生了一系列与众不同的特点。

1. 汉语是富于音乐性的语言

按照我国传统的声韵分析法，音节分为声母、韵母和声调三个部分。

声母为一个音节的开头部分，除零声母外，其余21个声母都由辅音充当，且以清辅音为主，清音声母17个，浊音声母只有4个。清辅音发音的特点是声带不需要振动，送出去的气流不带音；而浊音正好与之相反，发音需要声带震动，送出去的气流带音。但普通话音节中浊音少、清音多，故听起来富有音乐的美感。

韵母是一个音节中声母后面的部分，普通话有39个韵母，分为单韵母（一个元音）、复韵母（两个或三个元音）和鼻韵母（元音加鼻辅音）三类，每一类又可分为若干种。普通话的音节可以没有辅音声母，但必有韵母，如"啊"（a）；一个音节中可以没有辅音，但必有元音，如"优"（iou）。可见，普通话音节中元音占绝对优势，这就导致很多音节基本都是由复元音构成的。而元音是乐音，这样就使我们在使用普通话说话、诵读时语音响亮且动听。

声调是贯通整个音节高低升降的调子，即指每个音节在读出来时的声音变化。普通话共有阴平、阳平、上声、去声四个调类，并有与之相对应的调值。普通话中任何一段语音流，往往都不会以一个调值的音位重复出现，而是四个声调错落有致地铺排在一段有意义的音流上，并在主要元音上完美结合。这样就使得语音产生出高低抑扬的起伏变化，从而在听觉上形成一种抑扬顿挫的跌宕美。

普通话语音的这些特点，使得我们的汉语成为世界上最具音乐美的语言。无论是古代的"关关雎鸠，在河之洲"（《关雎》）、"东风夜放花千树。更吹落、星如雨。宝马雕车香满路。凤箫声动，玉壶光转，一夜鱼龙舞"（《青玉案·元夕》），还是今天的"大河上下，顿失滔滔"（《沁园春·雪》）、"小草偷偷地从土里钻出来，嫩嫩的，绿绿的。园子里，田野里，瞧去，一大片一大片满是的。坐着、躺着，打两个滚，踢几脚球，赛几趟跑，捉几回迷藏。风轻悄悄的，草软绵绵的"（《春》），读来都跌宕有致，极富音韵之美。不论是诗词曲赋，还是散文，都致力于让语句如行云流水般流畅，并于极力铺排、点染中，以求得意象、意蕴的贯畅和音韵、节律的自然和谐。

2.汉语是双音节占优势的语言

"偶语易安，奇字难适"，指的是偶数音节的组合更能给人协调匀称的感觉。汉语中得以广泛流传的成语绝大多数取四字格形式，就是双音节化最明显的特征，其基本结构类型与双音节词语大致相同，如"破釜沉舟""千军万马""买椟还珠""四面楚歌"等，基本都是双音节的叠加，结构的整齐使音律更加和谐，表意的含蓄使表达效果更加典雅，彰显出语言的内在美。

即便是汉语中的单音节，也通过复合法、附加法等方法大量转变为双音节，而三音节和三音节以上的词语也大量缩略为双音词。比如，一个人姓文，我们可称他"老文"或"小文"，却很少称之为"文"；一个人复姓"欧阳"或"上官"，我们一般不会称呼为"小欧阳"或"老欧阳"、"小上官"或"老上官"。从韵律上看，双音节是标准音步，双音节词汇就自然形成了鲜明的节奏感，诵读时更加朗朗上口，因而在使用时，无论是语音表达还是语句的组合，都会显得更加和谐优美。如诗句"昔我往矣，杨柳依依。今我来思，雨雪霏霏"（《诗经·采薇》）、"列缺霹雳，丘峦崩摧。洞天石扉，訇然中开"（李白《梦游天姥吟留别》），规整的节奏与韵律，宜记宜读，悦耳动听。即便是伴随着时代的发展而产生的一些新词汇，大多数也为双音节，如"网购""点赞"等。可见，直至今天，人们依然习惯于用双音节表示新事物或新现象。相反，有时若违背了双音节化这一传统，便会显得不和谐。比如，"男大当婚，女大当嫁"这一俗语，若说成"男人大当婚，女人大当嫁"，便感觉有些别扭。

自古及今，人们习惯使用和乐于接受双音节，既是因为双音节化使汉语语音更加简单整齐、协调对称，更是人们的思维方式、认知方式使然。中国特有的地理位置、自然环境、气候条件、审美趣味等，养成了中国人追求不偏不倚、和谐对称的审美心理。无论是传统的四合院民居，还是皇家宫殿，其建筑格局都讲究"天圆地方"、秩序井然；园林设计中亭台楼阁与假山池塘的合理搭配，传统绘画中的留白，文学创作中的对仗与平仄等，都鲜明地体现出汉民族对"和谐对称"之美的崇尚。

二、汉语语法的民族性

语法是语言学的一个分支，指语言的结构方式，包括词的构成和变化、词组和句子的组织。每一种语言，尽管字形、字音不同，但其作用相同，都是用来"声其心而形其意"。且人类大脑构造大致相同，所以不同语言、不同民族的人的思维可以说是相通的，作为思维工具的语言自然也有相同之处，且"皆有一定不变之律"。随着德国哲学家奥斯尔在1630年首次使用"普遍语法"这一术语，"普遍语法"研究也越来越受到语言学家的重视和认可。一切语言都有相似的语法范畴，如名词、动词等，但共性不能取代个性，普遍性不能代替特殊性。由于生活环境、历史发展、文化背景的差异，汉语语法与西洋语法有相同或相似之处，但也有不可替代的民族特征，主要体现在以下几方面。

1. 汉语语法的主体意识强

与西方注重细密严整的逻辑形式不同，独特的地理环境和生活方式，使中国人养成了注重情志表现的心理特征和整体观照世界的思维方式。如习惯于用感性直观的方式认知和审视外部世界与内在自我，对世界的把握和认识带有灵活性、宽泛性等特点。这种认知和思维方式不仅体现在汉民族的行为举止中，也体现在其语言上，表现在汉语的语法特性上，便是"以神统形"和"以意得言"。

印欧形态语言，其语法意义通过直接外显的、丰富的形态变化来表现。而汉语则不同，汉语是思维主体化的产物，它依靠词语顺序或上下文的情境来表现，语序和虚词成为表达意义的重要手段。语序不同，语义就不同。如"我喜欢她"，换成"她喜欢我"，意思就变了。句意的变化只靠"她"和"我"的位置互换。如果加上一个虚词，如"也"，就能使两个句子的意思统一起来，即"我喜欢她，她也喜欢我"。语序的变化所带来的不仅仅是语意的轻重与强弱的改变，还会改变整个句式，因此所表达的意思也就随之变化。比如，同样的三个语素"不""怕""冷"，由语序的变化，可搭配出"不怕冷、冷不怕、怕不冷"这三个表意不同的语法结构，实现语意重心的转移。另外，用的虚词不同，意义也不同，如"她和你去"和"她或你去"意思迥异。

汉语重意念，词语组合往往依靠意合，词序可选择以意念来贯通。这就使得词语的组合有相当程度的灵活性和一定的弹性，表现在句式上，则是动词、形容词可做主宾语，名词短语可以做谓语等，只要在语境帮助下不致造成误解，许多词语即便语法上不能搭配，也往往可以结合到一起。比如，"最美最母亲的国度"（余光中《当我死时》），"母亲"一词是名词，但在句中却活用为形容词，不但不觉得突兀和难解，反而给人一种凝练、贴切而又新颖的感觉。

汉语是以意义的完整为目的，依事理逻辑的流动铺排来完成内容表达的，如"枯藤老树昏鸦，小桥流水人家，古道西风瘦马"（马致远《天净沙·秋思》），九组名词、九种景物构成了传颂千古的名句，各种景物的关系以及它们各自的动态与形状跃然纸上，所依赖的不是合乎常规的语法，而是缘于情与景的妙合、心和物的相通。这主要得益于中华民族善于观物取象，乐于得意忘象、以意驭形，思维的连贯和意义上的衔接依靠的是"词""句"和"辞格"的蝉联。这与以动词为中心搭起语序或句子脉络的固定框架，强调主谓一致性的印欧语系是完全不同的。

汉语的语法也体现出一种整体性和具象性的特征，"汉语的句子结构是散点透视的，它以内容的完整、意义的完整为目的，通过一个个语言板块（词组）的流动、铺排来完成内容表达的需要，讲究以'神'驭'形'"。而且，汉语的精神"不是西方语言那种执着与知性、理性的精神，而是充满着感受和体验的精神。汉语中的词很容易使人联想到相应的意象，汉语的表达就是在逻辑思维指导、配合、渗透下相对独立的表象运动"。

2.汉语语法具有结构简约性

"七月在野，八月在宇，九月在户，十月蟋蟀入我床下""我选择，我喜欢"，前者省略了主语，后者作为一款运动鞋的广告词省略了宾语；"知己知彼，百战不殆"则是省略了虚词。这是汉语注重意合，力求简约这一特征的典型例句，不像印欧语系语言具有严格的性、数、格等形态的变化。汉语省略句多跳跃式结构，有灵活的构词方式、词类功能、词语搭配等，反映出汉语句法结构松散，成分具有较强独立性，但这种省略又在语言实践中易于为人们所接受。

这种情况既与汉民族传统思维模式有关，又是汉民族文化在句子形式和事理之间调节所致，是一种意合程序。如"林教头风雪山神庙"，运用通常的句法逻辑分析很难解释这类组合，但由于汉民族受整体综合的思维特征影响，汉语少了一些赘疣性的条件规定，词语凭意会便可以随意组合。有时同一语义成分可以占据不同的句法位置，如"她比我写得快""她写得比我快"可互换。

《易》：易简而天下之理得矣。汉民族善于以简驭繁，这一点在汉语的语词单位上表现得很明显。由于崇简，汉语语词单位的大小和性质往往并无定规，可以有常有变、可常可变，也可以随上下文的声气、逻辑环境而加以自由运用。比如，交际语"给我打电话"，亦可说成"电话我"；副词与名词结合而成的"很中国""很男人""很青春"等，在意会组合中形成简单而意蕴丰富的语汇，凸显出汉语的张力。

三、汉语文字的民族性

文字是历史的产物，一个民族的社会文明发展到一定阶段才会产生文字。各民族的语言都以本民族的文化为背景，都是在本民族的文化土壤中滋长、成熟的。每一个民族为了适应其生存环境，均建立了一套自己的生活方式，并逐步形成了各自的生活观念。而一个民族的价值观、思维方式和生活习性是民族文化的内核，也是一个民族的独特性所在，它与该民族的文字有一定的相关性。特别是汉字这样一种古老的表意特点很强的文字，从字形到构词，都会映射出汉民族的一些个性特征，诸如善于从整体的角度来观察和体验世界，追求"天人合一"、浑然一体等，也反映出汉民族的心理状态、价值观念、生活方式、道德标准、风俗习惯和审美情趣等。

汉字是汉民族独创出来的文字，至今已有数千年的历史。仓颉被尊为"造字圣人"。《淮南子》云："仓颉作书而天雨粟，鬼夜哭。"因为有了文字，"造化不含绸其密，故天雨粟；灵怪不能遁其形，故鬼夜哭"。有了汉字，才有了辉煌璀璨的诗词歌赋，才有了汪洋恣肆的书法艺术，才有了记载历代变迁的百家史册，才有了得以薪火相传数千年的中华文明。

世界上其他几种古老的文字，如苏美尔人的楔形文字、古埃及文字、玛雅文字已先后消失，只有汉字成为当今世界上仅存的表意文字。经过6000多年的积淀，即使在当今的信息科技时代依然经久不衰，散发着其独特的生机和魅力。传承至今，汉字已不再单单是一种文字了。其本身就是一座文化宝藏，它早已成为民族文化中至关重要的一部分，离开汉字，中华文化就是无源之水、无本之木。正如申小龙在《语言：人文科学统一的基础和纽带——文化语言学丛书总序》中所述的：

"……在一切社会现象和自然现象中，只有语言和遗传代码是人类从祖先传给后代的两种最基本的信息。"在人类自身困惑的探究和理解的漫长进程中,语言占有核心地位,它构成人类最重要的文化环境。当民族在人类历史上作为一种语言、居住地域、经济生活、心理状态上的稳定的共同体出现时,语言就深深打上了民族的烙印,成为民族文化最典型的表征。

1. 汉字与表音文字不同,是形、在、义的统一体

拼音文字中一个字的拼写就反映出语言中一个符号的语音面貌,按照字母的拼法就能把字音读出来。以方块构形的汉字,不同于拼音文字,具有以形表意的特点,往往能见"形"即知"义",甚至可以说每一汉字都有一段传奇都有一个故事,每一个汉字都蕴含着丰富的文化信息,因为中国人将对外部世界的认识和自身的情感体验以及道德标准都蕴藏于文字之中。汉字的一笔一画都反映出我们祖先认识事物的特点及其蕴含的深刻内涵。从自然之象到文字之形,这种"以意赋形、以形写意"的造字规律,恰好体现了汉民族感性的、整体的、非理性的认知方式和思维特征。

汉字不但义存于声,而且义寄于形,创造性地利用文字的平面性,将形、音、义等大量信息集中在一个小方块中。从结构上看,汉字比一般的表音文字多了一个"形",而"形"的获得缘于汉民族"盈天地之间者唯万物"的传统思维方式,认为一切运动肇始于事物,事物是一切运动的主体,由此养成了"观物取象"的直觉思维习惯。所以说汉民族对物象的态度与其说是科学的,不如说是艺术的、诗性的。比如山,甲骨文的"山"字有多个山峰,因山多是连绵起伏的;如"逐"字,像人追豕之形。汉字不仅具有突出的"观物取象"特征,而且充分体现出造字者直觉式的思维模式,"立象"的目的是"尽意",其"象"中包含着体悟,以其"象"引导文字使用者去感悟其中的意蕴。

同时,汉民族还善于对事物通过经验的综合进行整体把握,不经过抽象分析、逻辑推理,亦可用直观的、可感知的形态将抽象概念表现出来,诸如抽象名词、方位词、形容词等。例如,"左、右"两个表示方位的字,无法以实物来取象,

无法直接诉诸本质特征来描述,而是采用形象譬喻,用人的左、右两手来表示方位。这种方式所造出来的字是直观的,人们可以凭直觉感知出来。如"扑通"给人以动感,"沉甸甸"则让人感受到重量,这种构词依靠的不只是经验、体味和领悟,还是汉民族重视整体直观、重视综合分析的思维特点的反映。

2. 汉字具有古今传承性

汉字是中华民族智慧的结晶,历经数千年从未中断。中国古代尽管经历了朝代更迭,但总体上保持了相对稳定。高耸入云的喜马拉雅山脉,阻挡住了过于强大的外族入侵,保证了文化的延续性,促成了汉民族共同的文化心理;社会的相对稳定,也使包含文字在内的文化也保持了稳定发展,使汉语言文字古今相通、南北相达。

几千年来,人类有几种独立发展的古老文字体系。其中最著名而且为人所通晓的是玛雅文字、巴比伦文字、古埃及象形文字以及中国汉字,它们都是源于以图画式的表意符号为主体的文字体系。但随着历史的演进,大多古老文字体系或已湮没,或为拼音文字所取代,而中华文明的源流却从未中断,以及汉民族已经相对固化了的具象思维特征,使汉字始终保留图画表意的特征。

语言是始终处于变化之中的,诸如使用拼音系统的文字,常因语言的变化而改变拼写方式,致使其在古今不同阶段,看起来好像是完全没关系的异质语言文字。音读的变化不但表现在个别的词汇上,有时还会改变语法的结构,使同一种语言系统的各种方言行时会因差异太大而不能交流,若非经过专业学习与训练,根本无法读懂百年前的文字。但是,汉字从文字图画到图画文字,再到甲骨文、金文、大篆、小篆、隶书、草书、行书、楷书,形体虽多有变异,音读也有了不同,结构却未变,这就使汉字打破了语音的羁绊和时空的局限,成为一种可直接"视读"的"活化石"文字。不像拼音文字,按照字母的拼写阅读,语音一变,拼写法也得跟着变。比如,古代的拉丁语发展为现代的意大利语、法语、英语等语言,记录拉丁语的拉丁文也随之改变。如果只知道现代法语、意大利语的拼写法,想学习古典拉丁语是行不通的，必须专门学习古典拉丁语的拼写法。汉字却不一样，从古到今尽管经历了从篆书到隶书、楷书的书写形式的变化，语音面貌也随着时代的变化发生了很大变化，但字形却保持不变；汉语尽管在不断发展，而记录它们的汉字却基本稳定，长期承载着汉语的不同变体。同一个汉字，各地读音不一，广东人用广东话读，四川人用四川话读，湖南人用湖南话读，相互之间可以听不懂，但都认识；无论是南腔还是北调，都可以通过文字进行交流。即便是看古文古书，也不必像拼音文字一样，先得学古音，而且各种方言的人都能看懂。

字母文字是基于读音的，如果语言不同，随着时间的推移，自然就会形成不同种类的文字。中国的象形文字却截然不同，它能够超越语音的区别，成为不同时代、不同方言区的居民之间交流与联系的纽带。无论时代怎样变迁、汉语如何发展，记录汉语的汉字却始终坚定，在交流与传播中始终是中华民族的共同语言。

3. 汉字具有审美性

汉语是一种美的语言，汉字是一种美的文字。诚如鲁迅先生在《汉文学史纲要·自文字至文章》中所说，"中国文字具有三美：意美以感心，一也；音美以感耳，二也；形美以感目，三也"。作为传播语言信息的符号系统，汉字从产生之初就有了实用价值之外的艺术审美价值。汉字的造字是以象形为基础的。所谓象形就是象物之形，甲骨文中有许多象形字，如日、月、虎、鹿、犬、燕等，透过字形，我们可以感受到先民对事物的细致的观察力、高度的概括力和高超的想象力，从中可以洞悉他们的聪明才智和艺术才华。独特的认知方式使得汉字在滥觞时期就被注入了艺术的基因和审美的特性。随着时代的发展，"中国文字的发展，由模写形象里的'文'，到孳乳浸多的'字'，象形字在量的方面减少了，代替它的是抽象的点线笔画所构成的字体。一如'江''河''湖''海'四字，见其字，则仿佛目睹水流，耳闻水声"。

在华夏五千年文明的发展过程中，汉字是思想交流、文化传承的载体。在发挥社会作用的同时，汉字由点和线组合而成的具有高度抽象化的特质，又使得人们在书写汉字时点画排布合理，结构疏密得当，虚实相生，笔势自然流畅，故其本身就有了造型表象的艺术特点，在点画的均衡、对称以及彼此间或明或暗中，汉字书写逐渐形成了一种可视之为"无言的诗，无形的舞，无图的画，无声的乐"的造型艺术——汉字书法。"通过结构的疏密、点画的轻重和行笔的缓急，表现作者对形象的情感，抒发自己的意境，就像音乐艺术从群声里抽出纯洁的乐音来，发展这乐音间相互结合的规律。用强弱、高低、节奏、旋律等有规则的变化来表现自然界、社会的形象和自心的情感。"这在世界各种文字的发展史上不能不说是一个奇迹，没有任何其他文字像汉字的书写一样，最终发展成为一种独特的艺术形式，并且源远流长。汉字不仅是中华民族的文化瑰宝，而且在世界文化艺术宝库中独放异彩。正如宗白华先生所言，"中国人的这支笔，开始于一画，界破了空虚，留下了笔迹，既流出了人心之美，也流出了万象之美"。

第三节　语文教育的人文性

德国著名哲学家尼采曾将教育分为两种：一种是生存的教育，其目的是追求知识，获取尘世幸福，赢得生存竞争；另一种是文化的教育，其目的不是满足个体生存需要和尘世幸福，而是直面永恒的生命意义。概括来讲，教育的终极目标就是立德树人，是关于人的灵魂的事业，是要让人性更完善、人格更完美，进而使人生更富有价值与意义。复旦职业院校前校长杨玉良曾说："一颗没有精神家园的心灵，不可能思考自己生命的意义和价值，因此也不可能对他人有真正的情感关切，对社会有真正的责任心。"物质生活的丰富和满足不是人的生命的全部，只有精神与灵魂达到一定的高度才是社会的人的最终确证。因此，帮助学生立德、助力学生成人是每一个教育工作者的职责所在。"诗人叶芝说："教育不是注满一桶水，而是点燃一把火。"学校不仅是储存知识的仓库，还应是文明的摇篮；教师不仅要"授业""解惑"，不仅是"经师"，还应该要"传道"，为"人师"。教育的根本目的是对学生的精神和灵魂的陶冶。教师的责任是点燃学生探索真理和寻找生命意义的激情之火，让学生领悟什么是真理，怎样追求真理；领悟什么是生命及其价值，如何尊重和爱惜自己与他人的生命。

人文教育的目的是要让学生成为全面发展的真正的"人"，这一目的应贯穿于每一门课程的教学始终。但在所有课程中最能有效地实现育人功能、最能直面永恒生命意义的莫过于语文。因为语文教育除了培养学生的语文素养和语言能力，更是一种精神教育、人文教育，重在对学生心智的开发与灵魂的启迪。学生在学习与品读文学作品的过程中，在感受文本的思想意蕴和艺术魅力乃至作者的人格魅力的同时，会自觉或不自觉地学会思考人与人、人与社会、人与国家、人与世界之间的关系，日复一日地学与思，会促使作品中的思想、情感不断地流淌到学生的心田，逐渐内化为学生的个人品质和人文素养。可以说，语文教育的功能重在培养既能吟诗作赋、博古通今，又有良好的道德品质和礼仪风范的人。

一、语文教育是情感沾濡的教育

教育的最高目标是实现人的全面发展，而人的全面发展离不开情感的发展。情感是每个人人格发展的重要因素，美好的情感品质，可以促进人格的健康发展、情商和智商的全面提高。而美好情感的培养在很大程度上有赖于情感教育，因为"情感教育是关注人的情感层面如何在教育的影响下不断产生新质，走向新的高度，也是关注作为人的生命机制之一的情绪机制，如何与生理机制、思维机制一道协调发挥作用，以达到最佳的功能状态"。情感教育的目的是培养学生的社会性情感，提高学生对情绪情感的调控能力，帮助学生对自我、环境以及两者之间的关系产生积极的情感体验，而其终极目标则是培养健全人格。

每个人的情感变化都是一个长期的过程，积极美好的情感需要慢慢培养，需要在受教育的过程中去不断感受和体验，激发出内心深处的情感，从而使情感在认知和体验发生共鸣的时候得到升华，形成一种坚定的信念，进而内化为自身的品德。学者刘晓伟指出:"情感教育应该是一种唤醒教育,情感教育的过程就是生命唤醒的过程,在这一过程中,可以强化个体的生命意识,挖掘个体的生命潜能,彰显个体的生命价值,从而促进个体与社会的和谐发展。"语文教育,除了发挥其工具作用,培养学生的语文能力,提升学生的认知功能和发展学生的智力,还要注重学生非智力素质的发展,强化情感教育的正面熏陶作用,将多姿多彩的情感体验带给学生,让学生去感受世界上的真善美,感受作家作品中细微的情感变化,潜移默化地促成自己良好人格的形成。

  语文学科的内在本质决定了它拥有丰富且宝贵的情感教育资源,无论哪个阶段的语文教材,其中的每一篇文章都是精挑细选的经典之作,每一篇作品都是作者内心情感的体现与折射。正如刘勰在《文心雕龙·知音》篇中所言:"夫缀文者情动而辞发,观文者披文以入情,沿波探源,虽幽必显。"苏轼《江城子·十年生死两茫茫》对亡妻的悼念之情、朱自清《背影》对父亲的怀念与赞美之情、柳永《八声甘州》的悲苦悱恻之情、李煜《虞美人》的悔恨哀伤之情、李商隐《无题·相见时难别亦难》中执着而坚贞的爱情、文天祥《过零丁洋》中洋溢的爱国之情等,或崇高悲壮,或清纯委婉,或淡雅优美,都是作者真情实感的真实表达。作者在构思、创作作品的过程中赋予了它们美好的丰富的情感魅力。同时,作品情感的表达也常常不是单一的,而是多种情感的交织和融合。例如,辛弃疾的《破阵子》,在表达壮志难酬的悲凉时,既写出了豪迈情怀,又用现实写悲痛写愤慨。马致远的《天净沙·秋思》,不仅有"枯藤老树昏鸦""古道西风瘦马"的苍凉,也有向往"小桥流水人家"的闲适与温馨。苏轼的《水调歌头·中秋》,既有"乘风归去"的"出世"之念,又有"起舞弄清影,何似在人间"的"入世"之情;既有"人有悲欢离合,月有阴晴圆缺"的怅恨,又有"但愿人长久,千里共婵娟"的祝愿等。

  "感人心者,莫先乎情。"(白居易《与元九书》)良好愉悦的情绪有益于触发人的灵感,使人思维敏捷。情绪状态与人的认知和思维活跃程度密不可分,人需要丰富的情感体验和理论智慧的熏陶。正如苏霍姆林斯基所说："只有当情感的血液在知识的肌体中欢腾跳跃的时候，知识才会融入人的精神世界。"语文教育的重要任务就是要引导学生去体会情感，品味情感。语文教育实践，让学生不同程度地感受到人与人之间的亲情、友情、爱情，感受到世界的美好和人生的乐趣，使他们的情感世界有所发展，日益丰富，懂得区分卑劣与高尚，淘汰丑的恶的情感态度，形成良好的情感品质，从而推动他们思想的发展变化，逐渐认识到自己的责任，树立正确的世界观、人生观和价值观，激发他们践行社会主义核心价值观、为国家建设事业而努力奋斗的动力。

二、语文教育是审美浸润的教育

"美是人类提高自己和超越自己的一种社会机能。有了这种机能，人就能够从野蛮走向文明，从单纯的自然存在，走向自觉的有意识的精神存在。美是人类精神文明的结晶，它能提高人的精神修养和精神境界。"艺术的最终目的就是使人们更真切地懂得生活的真谛，更加热爱生活，进而丰富我们对幸福和美好生活的向往与追求。

随着物质生活水平的提高，人们对精神生活的要求也日益提高。而审美教育以造就全人类为目的，以解放情感、开阔视野并走向自由为核心的独特的人文教育活动。首先，审美教育可以促进学生智力的发展。审美艺术活动可以激发学生的情感。学生在艺术美的刺激下，情绪受到感染，心灵受到浸润，感性和理性、主体与客体自然协同，而这种状态正是人的创造力量迸发和释放的最佳时机。审美过程能调节学生的思维方式，提高他们的全面思维能力，增强他们的观察能力、想象能力和创造能力，从而促进其智力水平的提高。其次，审美教育可以促进学生非智力因素的发展。审美教育是一种情感教育，通过美感活动给学生的情感以自由解放的机会，给学生以情感的享受和无限的想象，进而将其带入一个纯洁美好的境界中，使学生在丰富多彩的自然社会艺术环境中获得支持生命和绽放生命的动力,从而培植学生高尚而丰富的情感,有效地丰富和发展学生的想象力和创造精神,促进学生身心的协调发展,使学生的外在形体和内在人格形成美的统一。最后,审美教育可以促进学生创新能力的发展。审美是诉诸人的情感、直觉、无意识等非理性领域的,审美教育能够激活传统教育中学生闲置而未利用的非理性因素,使学生的人脑进入一种舒展和机敏的良好状态,保持旺盛的活力。总之,审美教育是培养学生以美的方式感受、认识世界,帮助学生树立高尚的审美理想、正确的审美意识和健康的审美情操,促使学生实现对自身未来真善美的展现,对人的生命存在及其发展的整体关怀。正如黑格尔所说:"艺术又好像存在一种较高尚的推动力,它所要满足的是一种较高的需求,有时甚至是最高的绝对的需要,因为艺术是和整个时代整个民族的一般世界观和宗教旨趣联系在一起的。"

审美是人的一种精神需要。美国心理学家马斯洛认为人都潜藏着七种不同层次的需要,即生理需要、安全需要、归属和爱的需要、尊重的需要、认知的需要、审美的需要和自我实现的需要。这些需要在不同的时期表现出来的迫切程度是不同的:一是沿生物谱系上升方向逐渐变弱的本能或冲动,称为低级需要;二是随生物进化而逐渐显现的潜能或需要,称为高级需要。生理需要和安全需要属于低级需要,而另外的五个层次——归属和爱的需要、尊重的需要、认知的需要、审美的需要和自我实现的需要属于高级需要。人的需要按重要性和层次性排成一定的次序,从基本需要(如食物和住房)逐步上升为复杂需要(如自我实现)。人的某一级需要得到最大限度的满足后,才会追求高一级的需要,如此逐级上升,成为推动继续努力的内在动力。正如墨子所言"食必常饱然后求美",亦如管仲所说"仓廪实而知礼节"。

一个人若缺乏审美能力,生活会十分乏味,情感会特别空虚,心胸也会异常狭窄;就不可能对事业执着追求,就无力按照美的规律去改造世界,更不会有崇高的社会理想。

语文教育是一种审美教育,因为语文本身富含美的因素,对学生精神的充实、情感的丰富和人格的健全等生命意义建构优于其他学科。无论是语言还是文字，都蕴含着形式之美和内质之美，可以培育学生的审美能力和审美理想。充满着音乐美的语言，跃动着绘画美的文字，含蓄的词句、匀称的段落、完整的篇章，既有声音之美、线条之美、色彩之美，也有辞章所蕴含的自然美、社会美等。语文的阅读和聆听是对美的感受和欣赏，而语文的运用（说话和写作）则是对美的表现和创造。语文教育能把学生带进一个美的世界，以美来涤荡学生的心灵，改变学生的精神面貌，让学生在美的享受中增加生命的厚度、记忆的深度，在美的感悟中不断成长和成熟。

语文教育是以美启真的教育活动。语文教育的目标之一就是引导学生发现美、鉴赏美和创造美。在美的语言、美的意象、美的意境中陶冶审美情趣，在自然美、社会美中寻找人生真谛。如在欣赏作品描摹的自然景观美时，不仅可以感受到大自然的鬼斧神工和无限美好，也可以感受到人与自然的和谐。诸如范仲淹眼中的"碧云天、黄叶地"，李白笔下的庐山瀑布、桃花潭水，晏殊脚下的"小园香径"；以及"奔流到海不复回"的滔滔黄河，"乱石穿空、惊涛拍岸"的滚滚长江，"造化钟神秀，阴阳割昏晓。荡胸生曾云，决眦入归鸟"的雄伟泰山；月色下的荷塘、"抛家傍路"的杨花、"春风吹又生"的野草、如米小的苔花；"云树绕堤沙，怒涛卷霜雪，天堑无涯""落霞与孤鹜齐飞，秋水共长天一色"的壮阔，"明月松间照，清泉石上流"的幽静等，无不涤荡心灵，摄人魂魄。而在体味作品叙写的人性美、人情美，感受生活中的真诚、善良与美好的同时，内心会为之肃然起敬。如《边城》中爷爷对孙女无私的爱、翠翠对傩送纯真的爱、天保兄弟对翠翠真挚的爱以及兄弟间纯洁的爱，凸显出人性的善良美好与心灵的澄澈纯净；《平凡的世界》中孙少安、孙少平两兄弟的自强不息，孙玉厚的勤劳朴实，贺秀莲的吃苦耐劳，田晓霞的天真烂漫、单纯、善良、勇敢等，时时传达出一种温暖的情怀，处处展现着美好的亲情、友情与爱情。一个个鲜活而真诚的人、一件件朴实且动人的事，自然开启一颗颗善良的心。

总之，在欣赏品读一篇篇散文、一首首诗歌、一部部小说时，不仅让认知获得启迪，心灵受到净化，更让美与丑、善与恶、真与假自然可辨。同时，在语文学习的审美活动中，透过作品中人与物反观自我、审视人生，让美的事物以无声的方式传递"美"的真谛，最终能使学生成就真实的自我和有趣的灵魂。

语文教育是以美育德的教育活动。语文学科有别于其他学科，其内容包罗万象，集自然美、艺术美、社会美于一体，将人类社会和大自然多姿多彩的风貌，十分和谐地融入语言文字之中，蕴含着中华民族赖以生存发展、兴旺发达的重要精神力量。语文教育具有极其丰富的德育内容，但是它不同于思想政治课程教学，不以理论的灌输和说教为手段，而是在美的体验与感悟中，在美的诱导和陶冶下，激起情感上的共鸣，使社会的道德诉求成为美的规范，以"润物细无声"的方式渗透到道德认知中，升华道德情感，从而使社会道德规范和善恶观念潜移默化地影响学生品德的形成，塑造学生美的心灵和美的人格。诚如王国维先生所言："真正之德性，不能由道德之理论，即抽象之知识出，而唯出于人己一体之直观的知识，故德性之为物，不能以言语传者也……抽象的教训，对吾人之德性，即品性之善，无甚势力。"艺术可以使一切极具人情、本来无生气的东西生机勃勃。语文教育可以通过寓教于情的方式，借助形象可感的手段，使学生在完全自由的状态下，既不受内在理性的束缚，也不受外在客观环境的影响，通过对美好事物的感同身受，自然激发起情感上的喜爱和价值上的认同，自觉形成一定的审美认知和审美评价，从而内化为道德情感，上升为道德意志。积极、稳定、持久的道德意志不断地被强化并指导外在行为。在"无律—他律—自律—自由"的实现途径中，自觉地将抽象的道德认知内化为自我的美好道德情感，实现真善美的统一，从而使学生在知识启迪、道德提升、人格完善的系列过程中，自觉地走向全面发展。

语文教育是以美怡情的教育活动。语文教育不是单纯的语文知识和听说读写技巧的教育，更不是一种单调枯燥的机械性的学习与训练，而是具有情感性、意境性、形象性的教育。只要能充分发掘语文教学内容中美的因素，使用适宜的教学方法，就能使学生将对美的追求与热爱和对语文的兴趣、爱好和谐地统一起来，使学生通过语文的学习获得心理上、精神上的愉悦并乐此不疲，并在美的熏陶和美的享受之中成熟与成长。语文教学内容广泛，从古及今，无论是诗歌、散文，还是小说、戏剧，都累积了数千万的名篇佳作，且都含有丰富的美育因素。作品中准确精妙的语言运用，或急促或迂缓或高亢或低回的语调，回环往复的旋律，曲折变化的意绪，波澜迭起的布设等，往往带来表达上的一唱三叹之美；有血有肉、完整丰满的人物形象塑造，情景交融、绘声绘色的意境，完整有序、主题明确的结构等又营造出无限的意境之美。语文教育从形式到内容都蕴含着丰富的艺术美。学生在美的熏陶下，情感自然被唤醒，在物的变为在我的，从而与之共鸣，性情自然得到陶冶。

语文是语言的艺术，语文教育从某种意义上讲是艺术美的教育。语文教学内容皆是优秀的篇章，从不同角度和不同层面带给学生美的享受，既能陶冶学生的情操，更能提高学生对生活、对外物的审美能力和欣赏水平。各级各类语文教材中诗歌和散文占大多数，言辞华美、感情四溢。曹操的"老骥伏枥，志在千里，烈士暮年，壮心不已"、李清照的"生当作人杰，死亦为鬼雄"，带给学生的是催人奋进的力量之美；"死生契阔，与子成说。执子之手，与子偕老""执手相看泪眼，竟无语凝噎"给予学生的是深沉又柔肠百转的爱情之美；"慈母手中线，游子身上衣"会让学生感受到最无私、最温暖的亲情之美；"采菊东篱下，悠然见南山"则会让学生体会到悠然自得、超然物外之美；朱自清的《荷塘月色》传递给学生的是淡淡的安静美，史铁生的《我与地坛》则让学生体会到生命之美。这些优秀的文学作品，用艺术的美吸引学生，唤起学生的审美情感，让学生在感知美的同时实现对美的人格的培养。

三、语文教育是思想渗透的教育

《左传》云:"大上有立德。"育人是教育的初衷,育人的根本在于立德。语言是思想的物质外壳,语文教育不仅是培养学生的语文能力,更重要的是让学生在习得语言知识的同时,感受语言文字蕴含的思想,提高学生的人文素养,促使其精神成人。文质兼美的古今文学作品是作家文学功力和人格魅力的结晶,每一篇文章都灌注了作者的理念、情感和认知,每一个文字都充满着生命的律动和感性的灵光,不仅能给人审美的愉悦,更能给人思想的启迪。

优秀的文人总是善于将对历史、社会、人生的深沉思考,以"寄身于翰墨,见意于篇籍"(曹丕《典论·论文》)的方式寄寓于文字之中,通过游说辩驳、借古讽今、寄情山水等来传达个人的政治追求以及对社会、对人生的责任和使命。无论先秦的孔子、孟子、荀子、庄子、韩非子,还是汉魏晋的司马迁、班固、曹操、陶渊明,以及"唐宋八大家"和明清的宗臣、徐渭、方苞、姚鼐等,均长于将劝谏之词、除弊革新之意以及人生感慨、理想追求寓于各类文章之中,且在今天依然散发着耀眼的光芒。

诸如孔子"知其不可而为之"的积极进取、"己所不欲,勿施于人"的仁爱,孟子"富贵不能淫,贫贱不能移,威武不能屈"的刚强,庄子"心斋坐忘""无为而无所不为"的逍遥自在,司马迁忍辱负重、越挫越坚的刚毅,苏轼"宠辱不惊、履险如夷、临危若素"的乐观旷达,范仲淹"先天下之忧而忧,后天下之乐而乐"的崇高等,无不影响着学生的为人处世,引导着他们积极向上、坚毅达观。孟子之言"舜发于畎亩之中,傅说举于版筑之间,胶鬲举于鱼盐之中,管夷吾举于士,孙叔敖举于海,百里奚举于市。故天将降大任于斯人也,必先苦其心志,劳其筋骨,饿其体肤,空乏其身,行拂乱其所为,所以动心忍性,曾益其所不能"(《孟子·告子下》),以舜、傅说等先贤为例,足以让学生懂得经历苦难对培养自身品格的重要性与必然性。司马迁以"文王拘而演《周易》;仲尼厄而作《春秋》;

屈原放逐，乃赋《离骚》；左丘失明，厥有《国语》；孙子膑脚，兵法修列……"为精神支柱，忍辱负重，发愤著书，成就不朽巨著《史记》的史实，激励着学生奋发向上。可见我国古代散文作家的品格、其作品的内涵，不仅可以让我们体味 5000 年文明积淀的中国人特有的美学境界，还能找寻到铸炼我们灵魂的烈火、滋养我们自强不息的强大精神力量。

第四节 语文教育的本质观

如德国哲学家雅斯贝尔斯所言，教育是"一棵树摇动另一棵树，一朵云推动另一朵云，一个灵魂唤醒另一个灵魂"（雅斯贝尔斯《什么是教育》）的活动。曾任耶鲁职业院校校长 20 年之久的理查德·莱文则认为"真正的教育，是拥有自由的精神、公民的责任、远大的志向、批判性的独立思考、时时刻刻的自我觉知、终身学习的基础以及获得幸福的能力；真正的教育，是不传授任何知识和技能，却能令人胜任任何学科和职业，这也是判断一个人是否受过真教育的标准"。这两段话，启迪着我们如何去认识教育的本质，当然也包括对语文教育本质的认识。

一、语文教育本质的典型观点

与以上对语文教育属性的分析相联系，在关于语文教育本质的讨论中，虽然有诸多不同的认识，但概括起来，主要有以下三种。

1. 语文是一种工具，故工具性是语文教育的本质属性

语文是人类最重要的交际工具，因此语文是工作、学习和生活所必需的工具。如果没有这个工具，一切社会活动，人类的一切进步，就会无从谈起，故认为语文教育就是语言训练，旨在培养学生运用语言文字的能力。这种观点重在强调语文教育的工具性价值与功能，但它忽视了汉语言在作为工具的同时亦蕴含着丰富的情感与思想等。

2. 工具性和思想性是语文教育的本质属性

这种观点认为语文不仅是一种交流思想、表情达意的工具，还具有鲜明的思想性，语文教育的性质是工具性与思想性的统一。强调语文学科的思想性和语文表情达意的功能，应该说是抓住了"语文"这个工具的特性所在。但是，过于强调"思想性"，往往会导致语文教育偏重思想内容分析，倾向于思想政治教育。

3. 人文性是语文教育的基本性质

这种观点认为语文学科既具有工具性和思想性的特点，还具有知识性、文学性、审美性、文化性等特点。前者为本质属性，后者是从属性质。

二、产生本质观分歧的主要原因

对语文教育的本质之所以会产生认识上的一些分歧，其原因大致有如下几个方面。

1. 语文学科教学本身的原因

语文教学内容的丰富性、教学目标的多维性和教育功能的多重性等，因而容易造成对语文教育本质的理解和认识不一致。

2. 时代与社会方面的原因

不同的历史时期和不同的社会发展阶段，对语文教育的本质往往有不同的看法。如20世纪90年代中期展开的那场"语文教育大讨论"，是由整个社会和语文教育界对人文精神的关注引发的，其主题是弘扬人文性，对工具论进行重新审视和批判，倡导崇高与人文关怀的价值理想。在那场大讨论中，主张工具论者与弘扬人文论者是针锋相对的。工具论者认为，10多年来语文教育改革的一个重要理论收获，就是肯定了语文学科的工具性。如果把语文教育没搞好的原因归结为强调了工具性，这就离谱了。语文教育不能丢弃了工具性，不能忽视扎扎实实的语文训练。人文论者认为，工具论的谬误在于把语文教育形式上的任务当作根本性的任务，把具有丰富人文内涵的语文教育当作只供技术化操作的"工具"来对待。两者的认识与分歧具有特定的时代特征。

3. 有关教学与研究的思路和方法方面的原因

"语文"可以分为"语言文字""语言文学""语言文化"。不同的教师在教学和研究活动中侧重点不同甚至完全相异。如从事语言教学与研究工作的，强调其工具性；而从事文学教学与研究工作的，则强调其文学性和审美性。这种片面性和绝对化，也是造成认识分歧的原因。

三、树立科学的语文教育本质观

无论持何种观点，有怎样不同的认识，但可以肯定的是，语文教育的本质观类似于一个控制系统的中心键，控制着语文教育这个山川交错、重峦叠障的复杂世界，传导着语文教育的观念与智慧、理想与追求，掌控着变革及其实践探索的节奏。语文教育的本质统摄语文教育全局，既决定着语文教育的理念，又影响着语文教育的发展，掌控着语文教育的方向，还制约着语文教育的行为。它是语文教育理论中执一驭万的关键和枢纽，因而一直受到语文教育理论界的普遍关注。在文化日益繁荣的今天，教育理念不断更新，教学模式和教学方法不断改进，因此，我们应该全面认识语文教育的本质，树立科学的语文教育本质观。

从语文课程的角度讲，语文课程是以语言为本体，学习祖国语言文字运用的工具性课程，这是语文课程的性质所在；但是对应于语文课程，人文的维度应清晰可见。语文课程是母语学习的课程，汉语言有着特定的民族文化内蕴，中国传统文化有人文教育的传统，这就要求语文课程应该提升学生的文化力、思维力和审美力，促进学生学习和热爱中华民族优秀文化。

教育关系着国民素质和国家的未来和发展，教育之根本就是培养人才和促进人的成长。作为承担祖国语言和文字教育的语文教育，同一般语言、文字教育既有相同亦有不同。对中华民族而言，汉语不仅是汉民族文化的载体，也是汉民族文化的构成。汉民族的文化精神主要是通过汉民族语言来传播和发展的，汉民族语言浸透着汉民族文化的精髓。语文教育作为民族的母语教育（母语即我们的汉语），从根本上说，就是民族精神的外在显现，民族精神是汉语言的内在灵魂。母语和传统文化是一个国家和民族的灵魂。母语教育是整个国民教育的基础，语文素质是文化科学素质中最重要、最基础的部分。它除了是交际的工具，同时也是中华民族成员智育、德育、美育的综合体现，是一种民族精神的源流，其中蕴含着浓厚的人文精神和时代特征。语文教育担负着传承、弘扬、发展祖国文化、发扬民族精神的任务，丰富着中华民族的文化底蕴，并为不断创造新的文化提供新的根基。语言文字学习和运用的过程，是传承民族文化的过程，同时也是走近历史、聆听先人智慧声音的过程，从中可以触碰到灵性飞扬的民族文化精魂，触摸到气势磅礴的民族文化血脉，体验到跌宕开合的民族情感，感应到奔腾不息的民族精神。汉语言积淀的不仅仅是民族文化知识和民族生活经验，更多的是一种民族的精神、民族的灵气、民族的气派和民族的品性。

因此，语文教育是人类生存和发展的坚实支撑，更是人类崇高精神和先进文化活动的必要条件。语文教育不只是语文知识教育，还承担了个人发展和民族文化传承及发展的艰巨任务，更是人性教育和民族文化教育。在当代社会，面对错综复杂的大环境，语文教育作为中华民族的母语教育，就是要让学生在语文天地里感受大千世界的广阔、丰富与饱满，使每个学生都能自如自觉地找寻属于自己的位置；在引导学生获取语文知识，拥有语文能力的同时，使他们真正领悟到中华文化的博大精深、意蕴无穷，从而使他们更加热爱自己的母语，发现人类的高尚精神和行动，真正享受到精神的自由与畅快，从而不断提升他们的人文素养，培养他们的文化自信和民族自信，为他们的未来发展奠定坚实的精神基础，进而可以从容应对来自外界的任何挑战。

语文教育在人的发展中不仅起基础性作用，更可以说对人的全面发展起着决定作用。语文教育以它独特的魅力滋润着学生的心田，呵护着学生的健康成长和全面发展。一个人只有受过语文教育潜移默化的影响，才能拥有完美人格，才能实现个人的可持续全面发展。一个民族只有正确接受过语文教育的熏陶感染，才能创造灿烂辉煌的民族文化，才能真正实现国家和民族的伟大复兴。

第二章　职业院校语文教学理论基础

第一节　建构主义理论

建构主义也称作结构主义，其代表人物有皮亚杰、科恩伯格、斯滕伯格、卡茨、维果斯基，是认知心理学派的一个分支。皮亚杰是认知发展领域最有影响的一位心理学家，他所创立的关于儿童认知发展的学派被人们称为日内瓦学派。皮亚杰关于建构主义的基本观点是，儿童是在与周围环境相互作用的过程中，逐步建构起关于外部世界的知识，从而使自身认知结构得到发展。儿童与环境的相互作用涉及两个基本过程：同化与顺应。同化是指个体把外界刺激所提供的信息整合到自己原有认知结构内的过程，顺应是指个体的认知结构因外部刺激的影响而发生改变的过程。同化是认知结构数量的扩充，而顺应则是认知结构性质的改变。认知个体通过同化与顺应这两种形式来达到与周围环境的平衡。当儿童能用现有图式去同化新信息时，他处于一种平衡的认知状态；而当现有图式不能同化新信息时，平衡即被破坏，而修改或创造新图式（顺应）的过程就是寻找新的平衡的过程。儿童的认知结构就是通过同化与顺应过程逐步建构起来，并在"平衡—不平衡—新的平衡"循环中得到不断的丰富、提高和发展。

建构主义理论的一个重要概念是图式。图式是指个体对世界的知觉理解和思考方式，也可以把它看作心理活动的框架或组织结构。图式是认知结构的起点和核心，或者说是人类认识事物的基础。因此，图式的形成和变化是认知发展的实质，认知发展受三个过程的影响：同化、顺应和平衡。建构主义学习理论是20世纪80年代末、90年代初兴起的一种学习观，其建构的观念可追溯到皮亚杰和早期布鲁纳的思想中。20世纪70年代末，布鲁纳等人将苏联教育心理学家维果斯基的思想带到美国，受其影响，建构主义思想得到了进一步发展。

建构主义者认为，世界是客观存在的，但是每个人对世界的理解以及对世界所赋予的意义是不同的。人们以自己的经验来理解世界。由于人们的经验各不相同，对世界的解释也就大不相同。古宁汉认为，"学习是建构内在的心理表征的过程，学习者并不是把知识从外界搬到记忆中，而是以已有的经验为基础，通过与外界的相互作用来建构新的理解"。建构主义认为，"知识不是通过教师传授得到的，而是学习者在一定的社会文化背景下（一定的情境），借助其他人（教师和学习伙伴）的帮助，利用必要的学习资源，通过意义建构方式获得的"。它强调学生在学习过程中处于核心地位，教师应当充分利用丰富的教学资源和灵活多样的教学手段，帮助学生建构知识，促使学生由"要我学"向"我要学"转变。建构主义理论的内容很丰富，但其核心可以概括为以学生为中心，强调学生对知识的主动探索、主动发现和对所学知识意义的主动建构（而不是像传统教学那样，只是把知识从教师头脑中传送到学生的笔记本上）。

建构主义教育理论认为，知识是相对的和不断变化的，不能通过直接传授的方法教授给学生，而必须依靠学生积极主动地建构，即学习者在一定的情境和社会背景下，借助他人的帮助，充分利用各种学习资源，通过意义建构而获得。由于知识是在一定的情境下借助他人的帮助而实现的意义建构过程，因此"情境创设""协作学习""会话交流"和"意义建构"是学习环境中的四大要素。其中，"情境"是指学习者学习活动的社会文化背景，它有利于学习者对所学内容的意义建构。因此，教学设计不仅要考虑教学目标分析，还要考虑不利于学生建构意义的情境创设问题，并把情境创设看作是教学设计的重要内容之一。"协作"是指学习者在学习过程中教师和同学的相互作用，协作发生在学习过程的始终。"会话"是协作过程中不可缺少的环节，是建构的重要手段之一，学习小组成员之间必须通过会话商议如何完成规定的学习任务。"意义构建"是整个学习过程的最终目标，其建构的意义是指事物的性质、规律以及事物之间的内在联系。在学习过程中帮助学生建构意义就是要帮助学生对当前学习内容所反映的事物的性质、规律以及该事物与其他事物之间的内在联系达到较深刻的理解。这种理解在大脑中长期存在的形式就是图式，也就是关于当前所学内容的认知结构。同时，对许多学科，特别是人文学科来说，应该鼓励学习者建构自己独特的意义，形成自己独特的认知结构。

建构主义提倡在教师指导下的以学习者为中心的学习，也就是说既强调学习者的认知主体作用，又不忽视教师的指导作用。教师是意义建构的帮助者、促进者，而不是知识的传授者与灌输者；学生是信息加工的主体，是意义的主动建构者，而不是外部刺激的被动接受者和被灌输的对象。信息网络的基本特征和它映射于语文教学所体现出来的特征，契合于建构主义的基本理论需求。网络信息的丰富多彩为探究问题达到深层理解提供了材料上的保证，网络的空间特征满足了语文教学创设学习情境并对之实施及时动态的有效控制的空间要求。网络传播的解构功能不仅可以增强学习者的兴趣和挑战心理，还是促成学习者对周围瞬息万变的真实信息世界进行理解性重构的重要因素之一。建构主义理论是网络环境下实施语文教学的重要理论基础。

建构主义的教学思想有以下内容。

（1）建构主义的知识观。首先，知识不是对现实的纯粹客观的反映，任何一种传载知识的符号系统都不是绝对真实的表征。它只不过是人们对客观世界的一种解释、假设或假说，它不是问题的最终答案，它必将随着人们认识程度的提高而不断地变革、升华和改写，出现新的解释和假设。其次，知识并不能绝对准确无误地概括世界的法则，提供对任何活动或问题解决都实用的方法。在具体的问题解决中，知识是不可能一用就准、一用就灵的，而是需要针对具体问题的情景对原有知识进行再加工和再创造。最后，知识不可能以实体的形式存在于个体之外，尽管通过语言赋予了知识一定的外在形式，并且获得了较为普遍的认同，但这并不意味着学习者对这种知识有同样的理解。真正意义上的理解只能是由学习者自身基于自己的经验背景建构起来，取决于特定情况下的学习活动过程。否则，就不叫理解，而是叫死记硬背，是被动的复制式的学习。

（2）建构主义的学习观。第一，学习不是由教师把知识简单地传递给学生，而是由学生自己建构知识的过程。学生不是简单被动地接收信息，而是主动地建构知识的意义，这种建构是无法由他人来代替的。第二，学习不是被动接收信息刺激，而是主动地建构意义，是根据自己的经验背景，对外部信息进行主动的选择、加工和处理，从而获得自己的意义。外部信息本身没有什么意义，意义是学习者通过新旧知识经验间的反复的、双向的相互作用过程而建构的。因此，学习不是像行为主义所描述的"刺激—反应"那样。第三，学习意义的获得，是每个学习者以自己原有的知识经验为基础，对新信息重新认识和编码，建构自己的理解的过程。在这一过程中，学习者原有的知识经验因为新知识经验的进入而发生调整和改变。第四，同化和顺应是学习者认知结构发生变化的两种途径或方式。同化是认知结构的量变，顺应是认知结构的质变。同化—顺应—同化—顺应……循环往复，平衡—不平衡—平衡—不平衡，相互交替，人的认知水平的发展，就是这样的一个过程。学习不是简单的信息积累，更重要的是包含新旧知识经验的冲突，以及由此而引发的认知结构的重组。学习过程不是简单的信息输入、存储和提取，是新旧知识经验之间的双向的相互作用过程，也就是学习者与学习环境之间互动的过程。

（3）建构主义的学生观。第一，建构主义强调，学习者并不是空着脑袋进入学习情景中的。在日常生活和以往各种形式的学习中，他们已经形成了有关的知识经验，他们对任何事情都有自己的看法。即使是有些问题他们从来没有接触过，没有现成的经验可以借鉴，但是当问题呈现在他们面前时，他们还是会基于以往的经验，依靠他们的认知能力，形成对问题的解释，提出他们的假设。第二，教学不能无视学习者已有的知识经验，简单强硬地从外部对学习者实施知识的"填灌"，而是应当把学习者原有的知识经验作为新知识的生长点，引导学习者从原有的知识经验中形成新的知识经验。教学不是知识的传递，而是知识的处理和转换。教师不单是知识的呈现者，不是知识权威的象征，而应该重视学生自己对各种现象的理解，倾听他们当下的看法，思考他们这些想法的由来，并以此为据，引导学生丰富或调整自己的解释。第三，教师与学生、学生与学生之间需要共同针对某些问题进行探索，并在探索的过程中相互交流和质疑，了解彼此的想法。由于经验背景差异的不可避免，学习者对问题的看法和理解经常是千差万别的。其实，在学生的共同体中，这些差异本身就是一种宝贵的现象资源。建构主义虽然非常重视个体的自我发展，但是也不否认外部引导，即教师的影响作用。

第二节 系统科学理论

系统科学理论是研究一切系统的模式、原理和规律的科学。它是在系统论、控制论、信息论（简称"旧三论"）的基础上发展起来的，并逐渐出现了耗散结构论、协同论、突变论（简称"新三论"）。系统科学理论既是现代自然科学、社会科学、思维科学发展和综合的结果，又是现代科学研究的一般方法论。系统科学理论对现代科学的跨越式发展起到了极大的推动作用，对其他学科具有方法论的指导作用，对教育科学这一涉及诸多学习变量和教学变量的复杂系统更是具有积极的启发意义。系统科学对教学技能的学习与训练也具有积极的指导作用。

一、系统论、控制论、信息论概述

（一）系统论、控制论、信息论

1. 系统论

系统论的主要创立者是美籍奥地利生物学家贝塔朗菲。1937年，贝塔朗菲第一次提出了"一般系统论"的概念。1968年，其专著《一般系统论——基础、发展和应用》总结了一般系统论的概念方法和应用，为系统科学提供了纲领性的理论指导。该理论把自然界、人类社会及人类思维都看作具有不同特点的系统。系统是由两个以上相互作用和相互联系的要素结合而成的，是具有特定的整体结构和适应环境的特定功能的有机整体。系统各部分之间的相互作用越协调，系统结构就越合理，系统在整体上就越能达到较高水平，从而实现整体的功能大于各部分功能之和。宇宙中的任何事物都是以系统形式存在、发展着的，甚至可以说"系统无处不在，万物皆成系统"。教学技能也同样是以系统的形式存在和发展着。如果用具有普遍指导意义的系统思想和方法指导教学技能的训练和应用，必将使教学技能的获得更有效，且更易实现教学技能向教学技巧、教学技艺乃至教学艺术转变。

2. 控制论

控制论的主要创立者是美国学者、数学家维纳。他于1948年出版了《控制论——或关于在动物或机器中控制和通信的科学》一书，阐明在生物科学和物理科学中，控制和通信有着共同的规律。我国著名教育家查有梁在《系统科学与教育》一书中为控制论下了这样一个简要的定义：控制论是关于生物系统和机械系统中控制和通信的科学。系统的输出变为系统的输入就是反馈，通过反馈实现有目的的活动就是控制。一个系统既有控制部分将控制信息输入受控部分，又有受控部分把反馈信息送到控制部分，形成一个闭合回路，来实现系统的有效控制，由控制论产生了反馈控制法。这种方法认为，任何一个系统因内部变化、外部干扰会产生不稳定，为保持系统稳定或按照一定路径达到预定目标，就必须进行控制。学习可以看成是一个信息加工的过程，若这一过程中的各个环节能够得到有效的控制，使教与学之间的信息转换与反馈正常进行，就会使教学效率和质量得到极大的提高。因此，控制论中的相关理论与方法必然会对如何有效控制教学过程，实现教学优化提供科学依据与指导。

3. 信息论

1948年，美国数学家、工程师香农发表的《通信的数学理论》标志着信息论的诞生。信息论是研究各种系统中信息的计量、传递、变换、贮存和使用规律的科学。其原始意义主要是一门通信理论，即希望通过对各种通信系统中信息传输的普遍规律的研究，提高通信系统的有效性和可靠性。当它应用于教育系统，则可以理解为通过对教育系统中教学信息输入输出的一般规律的研究，即通过分析教学信息，分析教学系统的信息传播特点与规律，以及处理教学信息等，达到提高教育教学系统中教学有效性的目的。

（二）系统科学的基本原理

系统论、控制论、信息论这三论，既相互区别，又相互渗透、相互联系，统称为"旧三论"。从中提炼出来的系统科学的基本原理对教学技能的训练和应用有着方法性的指导作用。

1. 整体原理

任何系统只有通过相互联系形成整体结构才能发挥整体功能。系统中各要素是相互作用、相互依存的，没有整体联系、整体结构，要使系统发挥整体功能是不可能的。在教学技能的训练和应用中，应把教学技能看作一个系统，从宏观上把握，从整体上分析，综合考虑课堂教学过程中的各个要素和环节，使教学技能的整体功能得以有效发挥。

2. 有序原理

任何系统只有开放、有涨落、远离平衡态，才可能走向有序，形成新的稳定的有序结构，以使系统与环境相适应。在教学技能的训练和应用中，要处理好各种教学技能之间以及教学技能与外部教学环境之间的关系，使它们之间形成平衡的有序的状态。教学系统要在社会环境中存在和发展，要与外界有信息、物质等的交换，必然要求它是一个开放的系统，要不断地吸收各学科的新信息，引进先进的技术，使之从无序走向有序，使教学技能适应不断变化的教学环境。

3. 反馈原理

任何系统只有通过反馈信息才可能实现有效的控制。一个控制系统，既有输入信息，又有输出信息，系统的控制部分根据输出信息（反馈信息），进行比较、纠正和调整它发出的输入信息（控制信息），从而实现控制。在教学技能的训练和应用中，要随时根据反馈信息来了解教学情况，对教学过程进行协调控制以实现教学系统的功能。

二、耗散结构论、协同论、突变论概述

（一）耗散结构论、协同论、突变论

1. 耗散结构论

1969年，比利时物理学家普利高津提出了"耗散结构"学说，它回答了开放系统如何从无序走向有序的问题。耗散结构理论认为，有序来自非平衡态，非平衡是有序源。在一定条件下，当系统处于非平衡态时，它能够产生、维持有序性的自组织，不断和外界交换物质和能量，系统本身尽管在产生熵，同时向环境输出熵，输出大于产生，系统保留的熵在减少，所以走向有序。"耗散"的含义在于这种结构的产生不是由于守恒的分子力，而是由于能量的耗散。系统只有耗散能量才能保持结构稳定。耗散结构理论能够解决很多系统的有序演化问题，包括教育系统，它不仅对自组织产生的条件、环境做出了重要的判据性断言，还对把被组织的事物或过程转变为自组织的事物或过程具有启发的、可操作的意义。

2. 协同论

西德的学者哈肯于1976年提出了协同论。协同论研究各种不同的系统从混

沌无序状态向稳定有序结构转化的机理和条件。哈肯指出:"从混沌状态而自发形成的很有组织的结构,乃是科学家所面临的最吸引人的现象和最富于挑战性的问题之一。"协同论最根本的思想和方法是系统自主地、自发地通过子系统的相互作用而产生的系统规则。竞争与合作的方法是它的重要研究内容,协同论最基本的概念也是竞争与协作。复杂性的模式实际上是通过底层(或低层次)子系统的相互作用产生的。正如在大脑中寻找精神一样,在低层次中寻找复杂性的模式是徒劳的,但我们可以从相互作用的方式和结构,以及这种作用的运动演化过程中寻求到上一层次模式的呈现和轮廓。

3. 突变论

法国数学家托姆在20世纪60年代提出了一种拓扑数学理论,该理论为现实世界的形态发生突变现象提供了可资利用的数学框架和工具。突变论在研究复杂性问题和过程时具有特殊的方法论意义。人们常把缓慢变化称为渐变,把瞬间完成明显急促的变化称为突变,但是突变与渐变的这种经验性认识既不准确又不科学。它们的本质区别不是变化率大小,而是变化率在变化点附近有无"不连续"性质出现,突变是原来变化的间断,渐变是原来变化的延续。所以,突变属于间断性范畴,渐变属于连续性范畴。突变论的模型为思考人类思维过程和认识机制提供了新的思路。根据突变论的观点,我们的精神生活只不过是各个动力场吸引子之间的一系列突变,这种动力场是由我们神经细胞的稳定活动构成的。

认识形态并不具有随意性,而是由其内部和外部条件预先决定的。托姆指出,我们思想的内在运动与作用于外部世界的运动,两者在根本上并没有什么不同。外部的模型变化可通过耦合的办法在我们的思想深处建立起来,这也正是认识的过程。

(二)自组织原理

耗散结构论、协同论、突变论作为系统科学的"新三论",又称自组织理论,它深入研究了系统如何产生、如何利用信息交流将不同的部分组织起来从而形成整体以及系统如何演化等问题。

自组织是指在一定的外界条件下，通过系统内部的非线性相互作用，经过突变而形成一种新的稳定有序的结构状态，也就是系统"自发地"组织起来，形成和完善自身的结构。也就是说，系统形成的各种稳定有序的结构是系统内部各因素彼此的相干性、协同性或某种特性相互作用的结果，不是外界环境直接强加给系统的。只要是通过内部因素的相互作用而组织成的有序结构都是自组织。

　　在教育教学中，教师要用"自组织"的观点看待教学和学习过程，看待学生；要把学生看作一个自组织的系统，学生的学习不是通过教师的强制教学实现的，而是要对其知识结构、能力构成和内部学习机制等进行整体的分析，有针对性地创造条件和教学情境，引发学生主动认知实现的。由此，教师要充分认识到学生是学习的主体，真正实现教学的指导者和组织者的角色转变。

三、系统方法

（一）系统方法概述

　　系统方法是在运用系统科学的观点和方法来研究、处理各种复杂的系统问题时产生的。系统方法是按照事物本身的系统性把对象以系统的形式加以考察的方法，它侧重系统的整体性分析，从组成系统的各要素之间的关系和相互作用中去发现系统的规律性，从而指明解决复杂系统问题的一般步骤、程序和方法。

（二）系统方法的作用

　　系统方法是认识、调控、改造、创造复杂系统的有效手段。世界上的事物和过程是复杂的，是由多种因素或子系统的复杂的相互作用所构成的，对理解和解决系统问题需要系统的分析和整体的思考。系统科学方法为解决系统问题提供了方法论的指导。

　　系统方法为人们提供了制定系统最佳方案以及实行最优组合和最优化管理的手段。系统方法是指通过研究系统的要素、结构以及与环境的关系，经过科学的计算、预测，设计实现系统目标的多种方案，从中选择最佳的设计和实施方案并制定最佳控制和进行最优管理，以达到最佳功能目标。在人类认识世界和改造世界的过程中，系统方法在制定最佳方案、优化组合与管理等方面，都是可资利用解决问题的最佳手段。

系统科学方法为人们提供了新的思维模式。它突破了传统的只侧重分析的机械方法的栏栅，指导人们从总体上进行思维，探索科学技术发展的新思路，促进自然科学与社会科学的统一，促进科学家与哲学家的联盟，帮助人们打破两种科学、两种文化的界限，建立统一的世界图景和文化图景，建立起系统的自然观、科学观、方法论和系统的人类社会图景。

在教育领域中运用系统科学理论的思想、观点和方法，对教育系统的构成要素、组织结构、信息传递和反馈控制等进行分析、设计和评价等研究，可以促进教育系统的最优化。将系统方法应用于教学技能的学习，将有助于对教学技能的整体性理解和训练，对教学技能的获得与发展具有方法论的指导作用。

第三节 多元智力理论

多元智力理论是20世纪由美国哈佛职业院校心理学家霍华德·加德纳教授提出的，又叫多元智能理论。传统的智力理论认为，人类的认知是一元的，个体的智能是单一的、可量化的，而美国教育家、心理学家霍华德·加德纳在1983年出版的《智力的结构》一书中提出，"智力是在某种社会或文化环境的价值标准下，个体用以解决自己遇到的真正的难题或生产及创造出有效产品所需要的能力"。每个人都至少具备语言智力、数理逻辑智力、音乐智力、空间力、身体智力、人际交往智力和自我认知智力，这一理论被称为多元智力理论。其基本性质是多元的——不是一种能力而是一组能力，其基本结构也是多元的——各种能力不是以整合的形式存在而是以相对独立的形式存在。而现代社会是需要各种人才的时代，这就要求教育必须促进每个人各种智力的全面发展，让个性得到充分的发展和完善。

言语—语言智力。它是指对外语的听、说、读、写能力，表现为个人能够顺利而高效地利用语言描述事件、表达思想并与人交流的能力。这种智力在记者、编辑、作家、演说家和政治领袖等人身上有比较突出的表现，如由记者转变为演说家、作家和政治领袖的丘吉尔。

音乐—节奏智力。它是指感受、辨别、记忆、改变和表达音乐的能力，具体表现为个人对音乐美感反映出的包含节奏、音准、音色和旋律在内的感知度，以及通过作曲、演奏和歌唱等方式表达音乐的能力。这种智力在作曲家、指挥家、歌唱家、演奏家、乐器制造者和乐器调音师身上有比较突出的表现，如音乐天才莫扎特。

逻辑—数理智力。它是指运算和推理的能力，表现为对事物间各种关系如类比、对比、因果和逻辑等关系的敏感，以及通过数理运算和逻辑推理等进行思维的能力。它是一种对于理性逻辑思维较显著的智力体现，对数字、物理、几何、化学乃至各种理科高级知识有超常人的表现，是理性的思考习惯。一些数学家、物理科学家往往这个方面的智力点数都不低。在侦探、律师、工程师、科学家和数学家身上有比较突出的表现，如相对论的提出者爱因斯坦。

视觉—空间智力。它是指感受、辨别、记忆、改变物体的空间关系并借此表达思想和情感的能力，表现为对线条、形状、结构、色彩和空间关系的敏感，以及通过平面图形和立体造型将它们表现出来的能力。同时对宇宙、时空、维度空间及方向等领域的掌握理解，是更高一层智力的体现，是有相当的理性思维基础习惯为依托的。这种智力在画家、雕刻家、建筑师、航海家、博物学家和军事战略家的身上有比较突出的表现，如画家达·芬奇。

身体—动觉智力。它是所有体育运动员、世界奥运冠军必须具备的一项智力。运用四肢和躯干的能力，表现为能够较好地控制自己的身体，对事件能够做出恰当的身体反应，以及善于利用身体语言表达自己的思想和情感的能力。这种智力在运动员、舞蹈家、外科医生、赛车手和发明家身上有比较突出的表现，如美国篮球运动员迈克尔·乔丹。

自我—自省智力。它是指认识洞察和反省自身的能力，表现为能够正确地意识和评价自身的情感、动机、欲望、个性、意志，并在正确的自我意识和自我评价的基础上形成自尊、自律和自制的能力。它是客观、公正、勇气、自信建立的基础，因为人最看不清的就是自己。俗话说，你最难战胜的就是你自己，可见，这个对手很强大。人在主观时是很盲目的。而正是因为真知的逐渐形成才会变得无畏，就好像小孩子都害怕去医院打针，而当渐渐长大后，就不会再为打针吃药而恐惧了。这种智力在哲学家、思想家、小说家等人身上有比较突出的表现，如哲学家柏拉图。

交往—交流智力。它是指与人相处和交往的能力，表现为觉察、体验他人情绪、情感和意图并据此做出适宜反应的能力，也是情商的最好展现。因为人和人的交流就是靠语言或眼神以及文字书写方式来传递的。往往这些人具有相当的蛊惑力或者煽动性，是组织的焦点、明星或者政客等。这种智力在教师、律师、推销员、公关人员、谈话节目主持人、管理者和政治家等人身上有比较突出的表现，如美国黑人领袖、社会活动家马丁·路德·金。

自然观察智力。它是指认识世界、适应世界的能力，是一种在自然世界里辨别差异的能力，如植物区系和动物区系、地质特征和气候。它是对我们自己身处的这个大自然环境的规律认知，如历史、人体构造、季节变化、方向的确立、磁极的存在、感知灵性空间的超自然科学能力，能适应不同环境的生存能力。

存在智力。存在智力是指陈述、思考有关生与死和终极世界的倾向性，即人们的生存方式及潜在的能力。例如，在人类出现之前地球是怎样的，在另外的星球上生命是怎样的，以及动物之间是否能相互理解等。

每个人都在不同程度上拥有上述九种基本智力，智力之间的不同组合表现出个体间的智力差异。教育的起点不在于一个人有多么聪明，而在于怎样变得聪明，在哪些方面变得聪明。在加德纳教授看来是以能否解决实际生活中的问题和创造出社会所需要的有效产品的能力为核心的，也是以此作为衡量智力高低的标准的。因此，智力是个体解决实际问题的能力和生产或创造出具有社会价值的有效产品的能力。

多元智力理论对教育实践活动的影响是全方位的，涉及了教育的学生观、教师观、教学观、目标观、评价观等教育理念。

1. 学生观

每个学生都是多种智力的组合，但由于不同环境和教育的影响与制约，在每个人身上智力以不同方式、不同程度组合，使每个人的智能各具特点，每个人都呈现出智力的强项和弱项。在一个充满教育性的环境下，智力是可以提升的。只要能得到适当的刺激，几乎所有的智力在任何年龄段都可以发展。因此，在智能发展上不存在失败的学生。

2. 教师观

教师必须全方位地了解每一个学生的背景、兴趣爱好、智力特点、学习强项等，从而确定最有利于学生学习的教学方法与策略。教师的教必须根据学生的学来确定是否有效。

3. 教学观

学生个体之间存在智力差异，要求教学中以最大限度的个别化方式来进行。在教育中考虑学生个人的强项，使用不同的教材或手段，使每一个学生都有学会教学内容的机会，让学生有机会将学到的内容向他人展示，使学生的全脑智能都得到最大限度的发展。认真地对待学生的个别差异正是多元智力理论的核心。

4. 目标观

多元智力理论的教学目标是开发学生的多元智力，为多元智力而教，并通过多元智力来教，使学生有机会更好地运用和发展自己的多种智力。

5. 评价观

多元智力理论认为评价要体现发展性。评价不以发现人的缺陷为导向，而是发展人的强项，并为其积极的变化提供基础，最终促进全面的发展。

网络环境下的语文教学依赖高效的教学平台与丰富的信息资源来开展教学活动，为学生提供了一种新的学习选择方式，学生的主体地位得到凸显。网络教学尊重每一个个体，平等地对待每一个学生，促进每一个学生的全面发展和个性的充分展示。同时，丰富的学习资源和表现方式的多样化从客观上决定了网络教学属于一种个别化教学。多元智力理论的观点和网络环境下语文教学的特点非常吻合，是网络环境下实施语文教学的理论基础之一。

第四节 人本主义学习理论

人本主义于 20 世纪五六十年代在美国兴起，七八十年代迅速发展。人本学派强调人的尊严、价值、创造力和自我实现，把人的本性的自我实现归结为潜能的发挥，而潜能是一种类似本能的性质。人本主义最大的贡献是看到了人的心理与人的本质的一致性，主张心理学必须从人的本性出发研究人的心理。该学派的主要代表人物是马斯洛和罗杰斯。马斯洛有以下主要观点：对人类的基本需要进行了研究和分类，将之与动物的本能加以区别，提出人的需要是分层次发展的；按照追求目标和满足对象的不同把人的各种需要从低到高安排在一个层次序列的系统中，最低级的需要是生理的需要，这是人所感到要优先满足的需要。罗杰斯有以下主要观点：在心理治疗实践和心理学理论研究中发展出人格的"自我理论"，并倡导了"患者中心疗法"的心理治疗方法。人类有一种天生的"自我实现"的动机，即一个人发展、扩充和成熟的趋力，它是一个人最大限度地实现自身各种潜能的趋向。

人本主义的学习与教学观深刻地影响了世界范围内的教育改革，其是与程序教学运动、学科结构运动齐名的 20 世纪三大教学运动之一。人本主义心理学是有别于精神分析与行为主义的心理学界的"第三种力量"，主张从人的直接经验和内部感受来了解人的心理，强调人的本性、尊严、理想和兴趣，认为人的自我实现和为了实现目标而进行的创造才是人的行为的决定因素。人本主义心理学的目标是要对作为一个活生生的完整的人进行全面描述。人本主义心理学家认为，行为主义将人类学习混同于一般动物学习，不能体现人类本身的特性。而认知心理学虽然重视人类认知结构，却忽视了人类情感、价值观、态度等最能体现人类特性的因素对学习的影响。在他们看来，要理解人的行为，必须理解他所知觉的世界，即必须从行为者的角度来看待事物。要改变一个人的行为，必须先改变其信念和知觉。人本主义者特别关注学习者的个人知觉、情感、信念和意图，认为它们是导致人与人的差异的内部行为，因此他们强调要以学生为中心来构建学习情景。

人本主义学习理论是建立在人本主义心理学的基础之上的。对人本主义学习理论产生深远影响的有两个著名的心理学家，分别是美国心理学家马斯洛和罗杰斯。人本主义主张，心理学应当把人作为一个整体来研究，而不是将人的心理肢解为不完整的几个部分，应该研究正常的人，更应该关注人的高级心理活动，如热情、信念、生命、尊严等内容。人本主义学习理论从全人教育的视角阐释了学习者整个人的成长历程，以发展人性；注重启发学习者的经验和创造潜能，引导其结合认知和经验，肯定自我，进而自我实现。人本主义学习理论重点研究如何为学习者创造一个良好的环境，让其从自己的角度感知世界，形成对世界的理解，达到自我实现的最佳境界。

罗杰斯认为，人类具有天生的学习愿望和潜能，这是一种值得信赖的心理倾向，它们可以在合适的条件下释放出来；当学生了解到学习内容与自身需要相关时，学习的积极性最容易激发；在一种具有心理安全感的环境下可以更好地学习。罗杰斯还认为，教师的任务不是教学生知识，也不是教学生如何学习知识，而是要为学生提供学习的手段，至于应当如何学习则由学生自己决定。教师的角色应当是学生学习的"促进者"。一个人的自我概念极大地影响着他的行为。

由于人本主义心理学家认为人的潜能是自我实现的，而不是教育的作用使然，因此在环境与教育的作用问题上，他们认为虽然"人的本能需要一个慈善的文化来孕育他们，使他们出现，以便表现或满足自己"，但是归根到底，"文化、环境、教育只是阳光、食物和水，不是种子"，自我潜能才是人性的种子。他们认为，教育的作用只在于提供一个安全、自由、充满人情味的心理环境，使人类固有的优异潜能自动地得以实现。在这一思想指导下，罗杰斯在 20 世纪 60 年代将他的"患者中心"的治疗方法应用到教育领域，提出了"自由学习"和"学生中心"的学习与教学观。

  罗杰斯认为，情感和认知是人类精神世界中两个不可分割的有机组成部分，彼此是融为一体的。因此，罗杰斯的教育理想就是要培养"躯体、心智、情感、精神、心力融汇一体"的人，也就是既用情感的方式又用认知的方式行事的情知合一的人。这种知情融为一体的人，他称之为"完人"或"功能完善者"。当然，"完人"或"功能完善者"只是一种理想化的人的模式，要想最终实现这一教育理想，应该有一个现实的教学目标，这就是"促进变化和学习，培养能够适应变化和知道如何学习的人"。他说："只有学会如何学习和学会如何适应变化的人，只有意识到没有任何可靠的知识，只有寻求知识的过程才是可靠的人，才是真正有教养的人。在现代世界中，变化是唯一可以作为确立教育目标的依据，这种变化取决于过程而不是静止的知识。"可见，人本主义重视的是教学的过程而不是教学的内容，重视的是教学的方法而不是教学的结果。由于人本主义强调教学的目标在于促进学习，因此学习并非教师以填鸭式严格强迫学生无助地、顺从地学习枯燥乏味、琐碎呆板、现学现忘的教材，而是在好奇心的驱使下去吸收任何他自觉有趣和需要的知识。罗杰斯认为，学生学习主要有两种类型：认知学习和经验学习；其学习方式也主要有两种：无意义学习和有意义学习，并且认为认知学习和无意义学习、经验学习和有意义学习是完全一致的。因为认知学习的很大一部分内容对学生自己是没有个人意义的，它只涉及心智，但不涉及感情或个人意义，是一种"在颈部以上发生的学习"，因而与完人无关，是一种无意义学习。而经验学习以学生的经验生长为中心,以学生的自发性和主动性为学习动力,把学习与学生的愿望、兴趣和需要有机地结合起来,因而经验学习必然是有意义的学习,必能有效地促进个体的发展。

所谓有意义学习,不但是一种增长知识的学习,而且是一种与每个人各部分经验都融合在一起的学习,是一种使个体的行为、态度、个性以及在未来选择行动方针时发生重大变化的学习。在这里,我们必须注意罗杰斯的有意义学习和奥苏伯尔的有意义学习的区别。前者关注的是学习内容与个人之间的关系;后者则强调新旧知识之间的联系,它只涉及理智,不涉及个人意义。因此,按照罗杰斯的观点,奥苏伯尔的有意义学习只是一种"在颈部以上发生的学习",并不是罗杰斯所指的有意义学习。

对于有意义学习,罗杰斯认为主要具有四个特征。①全神贯注:整个人的认知和情感均投入学习活动之中。②自动自发:学习者由于内在的愿望主动去探索、发现和了解事件的意义。③全面发展:学习者的行为、态度、人格等获得全面发展。④自我评估:学习者自己评估自己的学习需求、学习目标是否完成等。因此,学习能对学习者产生意义,并能纳入学习者的经验系统之中。总之,"有意义的学习结合了逻辑和直觉、理智和情感、概念和经验、观念和意义。若我们以这种方式来学习,便会变成统整的人"。

人本主义的教学观是建立在其学习观的基础之上的。罗杰斯从人本主义的学习观出发,认为凡是可以教给别人的知识,相对来说都是无用的;能够影响个体行为的知识,只能是他自己发现并加以同化的知识。因此,教学的结果,如果不是毫无意义的,那就可能是有害的。教师的任务不是教学生学习知识(这是行为主义者所强调的),也不是教学生如何学习(这是认知主义者所重视的),而是为学生提供各种学习的资源,提供一种促进学习的气氛,让学生自己决定如何学习。为此,罗杰斯对传统教育进行了猛烈的批判。他认为在传统教育中,"教师是知识的拥有者,而学生只是被动的接受者;教师可以通过讲演、考试甚至嘲弄等方式来支配学生的学习,而学生无所适从;教师是权力的拥有者,而学生只是服从者"。因此,罗杰斯主张废除"教师"这一角色,代之以"学习的促进者"。

罗杰斯认为,促进学生学习的关键不在于教师的教学技巧、专业知识、课程计划、视听辅导材料、演示和讲解、丰富的书籍等(虽然这中间的每一个因素有时候均可作为重要的教学资料),而在于特定的心理气氛因素,这些因素存在于"促进者"与"学习者"的人际关系之中。那么,促进学习的心理气氛因素有哪些?罗杰斯认为,这和心理治疗领域中咨询者对咨客(患者)的心理气氛因素是一致的。①真实或真诚:学习的促进者表现真我,没有任何矫饰、虚伪和防御。②尊重、关注和接纳:学习的促进者尊重学习者的情感和意见,关心学习者的方方面面,接纳作为一个个体的学习者的价值观念和情感表现。③移情性理解:学习的促进者能了解学习者的内在反应,了解学生的学习过程。在这样一种心理气氛下进行的学习,是以学生为中心的,教师只是学习的促进者、协作者或者说伙伴、朋友,学生才是学习的关键,学习的过程就是学习的目的之所在。

总之,罗杰斯等人本主义心理学家从他们的自然人性论、自我实现论及"患者中心"出发,在教育实际中倡导以学生经验为中心的"有意义的自由学习",对传统的教育理论造成了冲击,推动了教育改革运动的发展。这种冲击和促进主要表现在以下方面:突出情感在教学活动中的地位和作用,形成一种以知情协调活动为主线、以情感作为教学活动的基本动力的新的教学模式;以学生的"自我"完善为核心,强调人际关系在教学过程中的重要性,认为课程内容、教学方法、教学手段等都维系于课堂人际关系的形成和发展;把教学活动的重心从教师引向学生,把学生的思想、情感、体验和行为看作教学的主体,从而促进个别化教学运动的发展。不过,罗杰斯对教师作用的否定,是不正确的,是言过其实的。

第五节　现代教学结构理论

一、结构主义教学理论介绍

发展性教学、结构主义教学、范例教学并称为现代教学的萨达流派，其思想不仅代表了一个时代，还影响着当代的教学理论和实践。结构主义教学理论是 20 世纪 50 年代末产生于美国的一种教学理论，该理论提出要让学生掌握学科的基本结构、提倡早期学习、倡导广泛应用发现法等。结构主义教学理论的代表人物是美国心理学家、教育家布鲁纳。结构主义教学理论极大地促进了 20 世纪 60 年代美国中小学以课程改革为中心的教育改革运动，并获得了广泛的国际声誉。

现代教学结构理论即结构主义教学理论，主要以结构主义教育理论及皮亚杰结构主义心理学为理论基础。它是对当代国际教学理论及实践有重要影响的教学理论。结构主义教学理论认为，任何一门学科都有一个基本结构，即具有其内在的规律性。在教学过程中，教师要认真研究学生、研究教法和指导学法，学生要发挥主观能动性，表现出最大可能的学习积极性和创造性。在课堂教学中，学生的学习是两个转化过程，一是由教材的知识结构向学生的认知结构转化，二是由学生的认知结构向智能转化。这种转化过程，只有以学生为主体、在教师的积极引导下才能实现。教师在教学过程中应与学生积极互动，共同发展，要处理好传授者与培养能力的关系，注重培养学生的独立性和自主性，引导学生质疑、调查、探究，在实践中学习，促进学生在教师指导下主动地富有个性地学习。教师应尊重学生的人格，关注个别差异，满足不同学生的学习需要，创设能引导学生主动参与的教育环境，激发学生的学习积极性，培养学生掌握和运用知识的态度和能力，使每个学生都能得到充分的主动的发展。

布鲁纳结构主义教学理论的基本框架包括以下内容。

第一，智力发展过程。儿童智力发展分为三个阶段。儿童智力的发展离不开语言和文化的相互作用，而对学习者有计划地提供语言体系、文化体系是教师的基本职责。学习者智力的发展是在教师与学习者的教育关系中实现的。

第二，教材结构理论。主张编写出"既重视内容范围，又重视结构体系的教材"。重视内容指要求教材现代化，重视"结构"是指要求教材包含学科基本概念、法则及联系，有助于学生"学习事物是怎样互相关联"的。

第三，发现学习法。学习者要自己去发现教材结构是最有效的学习方法。发现学习的特点是学生积极探索解决问题的方略、学生活用并组织信息、学生灵活而执着追求问题解决。

第四，内部动机是学习的真正动机。内部动机是在学习中发现学习的源泉和报偿。激发学生内部动机主要通过利用惊奇、激发疑惑、提出具有几个解答不确凿的问题、设计困境、揭示矛盾等方法。

（一）结构主义教学理论的要点

要让学生掌握学科的基本结构，认为任何一门学科都有一个基本结构，即具有其内在的规律性。它反映事物间的联系，包含"普遍而强有力的适应性"。不论教什么学科，都必须使学生理解学科的基本结构，即各门学科的基本概念、基本原理和规律。"基本"就是一个观念具有广泛地适用于新情况的能力，它是进一步获得和增长新知识的"基础"；"结构"是指学科的基本概念、基本原理以及它们之间的联系，是指知识的整体和事物的普遍联系即规律。另外，布鲁纳指出，在教学中，不仅要让学生掌握一般的理论，还要端正他们对学习的态度、对推测和预测的态度、对独立解决问题的态度。因此，他强调要精心组织教材。布鲁纳指出，学习结构就是学习知识是怎样相互联系的。他认为，学习的首要目的是为将来服务。学习为将来服务有两种方式：一是特殊迁移，二是原理和态度的迁移（这是教育过程的核心）。布鲁纳对于学习基本结构意义的理解是，懂得基本原理可以使学科更容易理解，懂得基本原理有利于人类的记忆。

（二）提倡早期学习（学习准备观念的转变）

布鲁纳在他的《教育过程》一书中学习准备部分的第一句话就是，任何学科都可以用某种理智的方法有效地教给处于任何发展阶段的任何学生。因此，学习准备是很重要的。学习准备主要指学生的年龄特征和智力发展水平，是否已经达到能适应某些学科学习的程度。他认为，在发展的各个阶段，儿童用他自己观察世界和解释世界的独特方式去表现那门学科的结构，能使学生掌握它；儿童的认识发展阶段固然和年龄有关，但可以随文化和教育条件而加快、推迟或停滞。所以，他主张，教学要向儿童提出挑战性的且适合的课题，以促进儿童认识的发展。他强调基础学科能提早学习，使学生尽早尽快地学习许多基础学科知识。这是布鲁纳关于学校课程设计的指导思想。

二、布鲁纳结构教学理论介绍

（一）布鲁纳论教学原理

布鲁纳认为，教学论是一种规范化的力量，它所关注的是怎样最好地学会人们想教的东西和促进学习，而不是描述学习。它有四个特点：①它应详细规定能使人牢固地树立学习的心理倾向的经验；②它应当详细规定将大量知识组织起来的方式，从而使学习者容易掌握；③它应规定呈现学习材料最有效的序列；④它必须规定教学过程中贯彻奖励和惩罚的性质和步调。据此，他提出了四条教学原则：动机原则、结构原则、程序原则、反馈强化原则。

（二）布鲁纳发现学习理论

"发现学习"是布鲁纳在《教育过程》一书中提出来的。这种方法要求学生在教师的认真指导下，能像科学家发现真理那样，通过自己的探索和学习"发现"事物变化的因果关系及其内在联系，从而形成概念，获得原理。

发现学习以培养探究性思维的方法为目标，以基本教材为内容，使学生通过再发现的步骤来进行学习。发现学习是以布鲁纳的认知心理学学习理论为基础的。他认为，学习就是建立一种认知结构，相当于我们所说的主观世界，头脑中经验系统的构成。建立认知结构是一种能动的主观活动，具有主观能动性。所以，布鲁纳格外重视主动学习，强调学生自己思索、探究和发现事物。发现学习的特点有三：再发现、有指导的发现和以培养探究性思维为目标。发现学习的优点有基本智慧潜力、激发学习的内部动机、掌握探索的方法、有助于记忆的保持。

布鲁纳结构主义教学理论的基本观点如下。

1.重视学生认识结构的发展与学科的知识结构

布鲁纳把认知发展作为教学论问题讨论的基础。他指出："一个教学理论实际上就是关于怎样利用各种手段帮助人成长和发展的理论。"布鲁纳将其称为"成长科学"，即认知科学或智力发展科学。他认为教育"不仅要教育成绩优良的学生，还要帮助每个学生获得最好的智力发展，教育的任务在于发展智力""儿童的认知发展是由结构上迥异的三类表征系统（行为表征、图像表征、符号表征）及其相互作用构成的质的飞跃过程"。布鲁纳认为，学习的实质在于主动地形成认知结构。认知结构是指由人过去对外界事物进行感知、概括的一般方式或经验所组成的观念结构。学习者不是被动地接受知识，而是主动地获取知识，并通过把新获得的知识和已有的认知结构联系起来，积极地建构其知识体系。他指出，"不论我们教什么学科，务必使学生理解该学科的基本结构"。布鲁纳认为，"基本概念和原理是学科结构最基本的要素""学习结构就是学习事物怎样相互联系的"，因为这些基本结构反映了事物之间的联系，具有"普遍而有力的适用性"。

2.提倡发现学习，注重直觉思维

在教学方法上，布鲁纳主张"发现法"。所谓"发现法"，对于学生是一种学习方法，称为发现学习；对于教师则是一种教学方法，称为发现教学。他认为，"我们教一门科目，并不是希望学生成为该科目的一个小型图书馆，而是要他们参与获得知识的过程。学习是一种过程，而不是结果""发现教学所包含的，与其说是引导学生去发现那里发生的事情的过程，不如说是他们发现他们自己头脑里的想法的过程"。

他主张让学生主动地去发现知识，而不是被动地接受知识。布鲁纳的发现学习和发现教学以培养创新精神和实践能力为主要目的，即构建旨在培养创新精神和实践能力的学习方式及其对应的教学方式。其基本程序一般为：创设发现问题的情境—建立解决问题的假说—对假说进行验证—做出符合科学的结论—转化为能力。布鲁纳认为"发现"依赖于"直觉"思维，他主张在教学中采取有效方法帮助儿童形成直觉思维能力、鼓励学生去猜想。

3. 提倡螺旋式课程

布鲁纳认为课程设计和教材的编写应查明基础学科基本知识的学习准备，根据学生当时的认知发展水平予以剪裁、排列和具体化，将知识改造成一种与儿童认知发展相切合的形式。他认为，课程或教材的编写应按照学科的基本结构来进行。由此，他提出了螺旋式课程编写方法。所谓螺旋式课程，就是以与儿童的思维方式相符合的形式尽可能早地将学科的基本结构置于课程的中心地位，随着年级的提升，使学科的基本结构不断地拓展和加深。这样，学科结构就会在课程中呈螺旋式上升的态势。

第三章 职业院校语文的功能与教学目标

第一节 职业院校语文是母语高等教育的主渠道

一、母语及其教育的内涵与价值

母语不仅是一个民族重要的交际工具,也是一个民族文化和文明的载体,是民族的生存发展之根本,是凝聚民族情感和维护国家统一的黏合剂。它既是民族的象征、民族的符号,也是民族的旗帜和民族的命脉。它不仅是民族文化的载体、交流沟通的工具,更是一种直接诉诸情感并永远影响人们的文化归属意识、文化认同感乃至世界观、人生观、价值观建构的媒介。

汉语作为中华民族的母语,记录着中华民族的辉煌历史和灿烂文化,并且不断地对中华文化和历史予以积淀、传承和发展,既推动着中华民族的持续发展进步,维系着民族情感,又有力地促进着世界文明的交流、发展和进步。

汉语是世界上具有悠久历史的语言之一,有文字可考历史已近4000年,蕴含着丰富的思想、文化、科技成果。在其历史进程中,为适应时代和社会的需要,汉语不断发展和更新,不断吸收新的思想、文化和科学技术中最优秀、最先进的要素,是世界上最有历史积淀、最具时代性和革命性的语言,有力地带动了中国社会的发展进步以及和世界科学与文化的交流。

汉语是世界上使用人口最多的语言之一,它被世界1/4的人口所使用,是中国、新加坡的官方语言，亦是联合国六种工作语言之一，主要流通于中国和新加坡、马来西亚、缅甸、泰国等东南亚国家以及美国、加拿大、澳大利亚、新西兰、日本等国的华人社区。

汉字是一种意音文字，兼具表意和表音功能。从文字形态看，直观形象，组合自如，集形、音、义于一体，具有丰富的意蕴和表现力。以"六书"为源不断滋生繁衍，形如物象，声如钟磬，音韵铿锵，充分显示出中华民族丰富的智慧和创造力，记录着中华民族思想的律动，洋溢着人文的气韵，闪烁着哲理的光华。如陶渊明的《饮酒（其五）》，一共10句50个字，既写出了诗人摆脱世俗烦恼后的感受，表现了诗人鄙弃官场，不与统治者同流合污的思想感情，又写出了南山的美好晚景和诗人从中获得的无限乐趣，表现出诗人热爱田园生活的真情和高洁人格，充分体现了陶渊明归隐后适意自然的人生哲学。

母语教育有狭义和广义之分。广义的母语教育即指通过母语进行的各种各样的教育，包括文化、科学、艺术、历史、哲学、道德等的教育，既有来自家庭社会的母语教育，也包括学校教育。狭义的母语教育即本民族的语文教育，即"一个人最初学会的一种语言，在一般情况下是本民族的标准语言"。与别的语言学习不同，母语教育具有得天独厚的环境优势和文化优势：既赋予一个人一种文化，又赋予一个人熟练驾驭思维语言的能力，还赋予一个人一种民族精神。每个人一生下来，就被一个纵横交织的来自家庭的、学校的、社会的教育氛围和环境包围着，在一个天赐的、自然的、自己民族的、有血肉联系的母语环境中学习和成长着，其文化的影响力和思维优势是其他任何第二语言都难以相比的，是一种立体的、全方位的、渗透在骨子里的教育。"学习母语是所有生命个体享受尊严、实现价值、立己成人的最基本权利。"母语学习过程是一个人接受民族文化浸润的过程，是智慧生成、精神培育和心灵成长的过程，每个人都是通过母语而逐渐进入社会，拥抱世界并最后实现自己价值的。

二、职业院校语文有益于提升学生的母语素养

其一,职业院校语文是职业院校生语言文字素养提升的有力保障。据调查了解,当前大多数高中生认为语文课是用来积累与高考有关的语文知识的,学习了规定的篇目,掌握了相应的语文知识就算完成了学习任务;对语言文字不进行深入感知、理解和记忆,不注重语言储存和语感的培养。教师在课堂教学设计中以做题、解题为主,不惜花费大量的时间和精力去研究出题考查的知识范围、能力范围,研究不同内容、不同题型的应对策略;不惜花费大量的时间和精力去翻阅资料,汇编试题,刻印复习资料。长此以往,学生负担加重了,学习语文的兴趣在题海中日渐消逝了,以致进入职业院校后,不少学生知识面、阅读面窄,表达能力欠缺。曾有教师对全国37所高校的学生做过调查,结果显示,不少职业院校生对母语的字、词、句、语法、修辞等方面的掌握呈现出诸多问题。如有83.2%的职业院校生不会读"粳"字,71.3%的职业院校生读不准"涪陵"这个词,93.7%的职业院校生不知道"的""地""得"的使用规则。由于电脑和智能手机的普及,许多职业院校生平时很少用笔写字,提笔忘字的现象更是屡见不鲜。要改变这种状况,弥补中学语文教学的不足,职业院校语文的教学至关重要。要让学生走进语文,感受语文,爱上语文,而不是厌恶和拒绝语文。改变学生因为中小学语文课程要归纳段落大意、中心思想而产生的对语文的抗拒心理,使学生真正走进语言王国,感受语言之美、语文之美,字、词、句的积累便会水到渠成。让职业院校生在语文学习中,亲近自然,感受心灵,让他们自然爱上阅读,走出教材的理论圈子,不断延伸,在海量的经典文学作品中沉醉;再加上教师的适当引导、点拨,辅之以相关的演讲、朗诵、读书笔记撰写等,其语言文字素养的提升自不待言。

其二,职业院校语文是职业院校生语文能力提高的有力支撑。所谓能力,就是完成一项活动所需具备的个性心理特征,而语文活动是运用语言的活动,故语

文能力就是运用语言的能力，既包含阅读理解能力，也涵括书面表达能力、口语交际能力。

语音、语法、语汇、修辞等固然是语文教学的重任，但这仅能引导学生认识语言，习得语言知识，而语言的运用主要依靠的是语感。语感是语文能力的核心，因为"语感是一个社会的人对具有认识、情感内容的言语对象的全方位的感受与反应。直觉的语言知识，虽是语感赖以存在的必要基础，但语感毕竟不只是一种语言知识，还是与人的观念、人的情绪相交融的，既有语言的因素，也有认识的情感的因素；不仅是对言语对象在语言知识方面正误的判断，也是对其内容的真伪是非与形式的美丑的判断。既没有抽象的不表现任何认识内容和情感因素的话语，也无法使语感游离于认识、情感之外"。叶圣陶先生也曾指出："语言文字的训练，我以为最要紧的是训练语感，就是对于语文的敏锐的感觉。概而言之，语感就是一种对语言文字的艺术审美的感受力和浑然天成的驾驭力。"比如，"我们理解文章，或者写文章，语言的运用往往是下意识行为，自己说不清是怎样理解和表达的，更说不清是运用了哪些手段、技巧等知识的结果""一个人语法知识掌握较好，逻辑学也学得不错，但文章不一定写得好、理解力不一定很强""个人对话语和文章中的字是否错别、用词是否准确、语法是否正确规范等，不需要分析思考就能下意识地做出判断"，其原因何在？就在于语感不一。

语感强的人往往说不清楚某个用错的词语或某句不规范的语法不正确的原因究竟是什么，但对语词搭配、词语的感情色彩、文体色彩、风格色彩的合适与否，却不假思索就能识别出来。语感随着言语经验的丰富而增强，随着积累程度的加深和数量的增多而提升品质。我们的职业院校语文教学就是要致力于提升学生的语感，帮助学生获得自如地驾驭文字的能力和本领，让他们在语言运用过程中感受到自信和愉悦。语感是语文能力的关键所在，怎样获得和培养语感？李海林认为语感的获得有两种方式，分别为"自然言语实践"和"自觉言语实践"。所谓"自然言语实践"，即通过大量的言语作用于主体，当积淀到一定程度时，即出现"书读百遍，其义自见"的效果。而"自觉言语实践"乃为一种有目的、有计划的实践，是在教师的指导安排之下去感受、操作和巩固，从而内化为一种固定的行为结构模式和心理反应机制。

对职业院校生而言，不再像在中小学时完全受控于学校、家庭，完全拘泥于教材，完全依赖老师和父母。语感的培养和提升较中小学有更为有利的环境。其一，职业院校语文课程的学习，是在教师引导下的语文实践，读书是积累知识的最好方式，在教师指导下学生广泛阅读文化经典。书读多了，其中的精彩句段、动人情感等，融会贯通后自然变成自己的东西，形成新的观点，久而久之良好的语感自然形成。读起文章来，会有自己的理解；写起文章来，也就落笔成文，正所谓"读书破万卷，下笔如有神"。其二，职业院校时代是学生思想走向成熟的关键时期，随着自身认知水平的不断提高，心智不断成熟，可以涉猎的书籍、可以领悟的程度都在拓宽加深，即便是原来接触过的作品，职业院校时再静心研读，又将获得新的认知、新的感悟。其三，职业院校的环境与氛围为学生语感的培养和提升提供了更为广阔的天地，各类社团、各种活动，校园广播稿、校报的投稿，演讲比赛、朗诵比赛，班团其他活动等，都可以让学生将自己的语言积累通过说和写表达出来。

职业院校学习虽然专业不同，但有一个共同的特点，就是都要表达和写作，其中只有量的不同以及程度上的差异。文科学生一般来说写作多一些，也复杂一些；而理工科学生写作相对少些，也相对简单一些。写作包括读书体会、论文、发言稿、借条、书信等，不夸张地说，从语文的角度来说，当今职业院校生包括研究生写作多数都不合格。很多老师指导学生论文，其实根本就不是指导专业问题，而是指导语文问题，包括标点符号、错别字、用词不准确、语句不通、结构框架不合理、条理不清晰、中心不明确等。很多老师都有一个共同的感受，那就是写作时，语文好的学生，老师指导起来相对轻松；语文不好的学生，老师指导起来要费事多了。不少职业院校生表达能力与沟通能力不足的现象引起了社会各界的广泛关注，而人文素养的肤浅则更值得重视，长此以往，势必影响母语的功能乃至中华文化的传承。因此，职业院校语文的困境和教学对策也随之成了高等教育界关注的话题，我们必须找出问题的症结，并找到行之有效的办法，充分调动学生学习的积极性，以弘扬我们的母语，促进我国优秀传统文化的发扬光大。

第二节 职业院校语文是传承中华优秀文化的好平台

中华民族优秀的文化遗产，记载于浩如烟海的古代典籍文献之中，通过汉语言文字世代承继传播。弘扬文化的最好方式就是传播，传播的最佳途径就是教育。

传承文化是学校教育的共同目标、任务，职业院校也不例外。相对于其他学科，职业院校语文在传承文化方面的作用最为突出也极为重要。因为职业院校语文既是我国古今文学精品的荟萃与结晶，也是中华民族文化、文明的荟萃与结晶。职业院校语文学习的过程，就是感受、理解民族文化的过程，也是确立和巩固民族文化认同的过程。通过对中国语文的深入学习和理解，可以更深刻地认识和理解中国，认识和理解中国的文化、中国人的思维、中国人的精神特质；也只有以此为根基，才能更好地吸收外来文化。随着我国经济的持续发展和综合国力的增强，政府对文化软实力建设越来越重视。在这种情况下，对职业院校生进行语文能力培养和素养教育的紧迫性、重要性也日渐明显。

一、职业院校语文教育可以提高学生对传统文化的认识

职业院校语文教育教学的内容是精彩纷呈的文学作品，其中蕴含着大量传统文化的元素。透过这些作品，可以引导职业院校生对中国文化加强了解，提高其对中国传统文化的认识。尤其是古代典籍的学习，可以帮助学生进一步了解到中国传统文化中值得弘扬和吸纳的民族精神、民族智慧，可以让学生逐渐懂得中华优秀传统文化的自身特色。诸如《论语·学而》中记载"道千乘之国，敬事而信，

节用而爱人，使民以时"，《论语·颜渊》中更是记载樊迟问"仁"，孔子答曰："爱人。"问"知"，孔子曰："知人。"《礼记·大学》认为"大学之道，在明明德，在亲民"，这些无不彰显着以"爱人"为本的中华文化特色；而"士见危致命，见得思义，祭思敬，丧思哀，其可已矣"（《论语·子张》）、"志士仁人，无求生以害仁，有杀身以成仁"（《论语·卫灵公》）、"士不可以不弘毅，任重而道远。仁以为己任，不亦重乎？死而后已，不亦远乎"（《论语·泰伯》）、"先天下之忧而忧，后天下之乐而乐"（《岳阳楼记》）等，都体现着中华文化强调的情怀和责任；而"君子固穷，小人穷斯滥矣"（《论语·卫灵公》）、"可与共学，未可与适道；可与适道，未可与立；可与立，未可与权"（《论语·子罕》）、"不降其志，不辱其身"（《论语·微子》）、"夫仁者，必恕然后行，行一不义，杀一无罪，虽以得高官大位，仁者不为也……大仁者恩及四海，小仁者止于妻子"（《说苑·贵德》）、"行一不义，杀一无罪，而得天下，仁者不为也"（《荀子·王霸》）等，皆蕴含着中国传统文化强调的"知止而后有定"的底线意识；"积善之家必有余庆，积不善之家必有余殃"（《易传·坤文言》）、"亲于其身为不善者，君子不入也"（《论语·阳货》）、"富润屋，德润身"（《礼记·职业院校》）等，喻示着以善为基础的中国传统文化特色。

　　正是中华文化的优秀基因，其以人为核心、以谋求人类的幸福为出发点和归宿，其兼容性以及所蕴含的崇高的文化自觉意识和厚重的历史责任感，文以载道、知行合一、经世致用的优良传统，家国天下的博大情怀等，使得五千年的中华文明从未中断，而且具有永续传承性和永恒生命力。"明明德、亲民、止于至善""格物致知""正心诚意""修齐治平"这些思想观念，已经成为中华民族内在的特质秉性与文化标识，充分展示了中华优秀传统文化的价值追求和人格理想，奠定了中华民族的文化性格、行为方式和家国情怀，成为中华优秀传统文化最具生命力的精神基因。

　　中华民族绵延不绝的悠久历史、灿烂文明，孕育滋养出源远流长、根深叶茂、丰富多样的优秀传统文化。历经五千余年的发展与传承，中华优秀传统文化积淀了中华民族最深沉的精神追求，代表着中华民族独特的精神标识，形成了中国人的思维方式和行为方式，塑造了中华民族的鲜明品格，培育了独树一帜的中国精神，包含着丰富的哲学思想、道德情操、价值观念、审美品格、艺术情趣、辩证思维和科学智慧，是中华民族宝贵的精神矿藏，是中华民族自立于世界民族之林，绵延不绝、郁郁葱葱、生生不息的文化之根。

中华优秀传统文化是中华民族的精神命脉，是涵养社会主义核心价值观的重要源泉，也是我们在世界文化激荡中站稳脚跟的坚实根基。中华优秀传统文化蕴含的核心价值内容丰富、思想深刻、影响力广泛持久深入，具有独特的魅力和文化特色优势，包含着深刻的思想价值、巨大的精神活力、崇高的道德人格、辩证的科学思维、形神兼备的审美品格。中华优秀传统文化历来把人的精神生活纳入人生和社会理想之中，融汇成为博大精深、底蕴深厚的文化价值理念和道德人格文化传统，世代相传，绵延不绝，深入人心，成为中华优秀传统文化的思想底色、信仰支柱、精神追求，成为当代中国文化软实力的血脉灵魂。

二、职业院校语文教育可以增强学生弘扬中华优秀传统文化的责任感

语文之"文"不仅仅指"文字""文章"，还蕴含"文化"之义。因此，职业院校生学习语文，就不仅仅是语言知识的学习、语文文本的阅读，更重要的是要学习文化知识，提高文化素养，受到文化熏陶。中国语文，尤其是中国古代诗文，本就融文、史、哲于一体，作者大多是借助文学来表达内在的思想主张、道德观念与精神追求，其中蕴藏着丰富、深厚的中华传统文化宝藏，文化始终与语言文学水乳交融般地联系在一起。因此，职业院校语文教育教学过程中，融入优秀传统文化内容，可以有效发挥优秀传统文化的育人功能，进而达到润物无声、化人无痕的人文教育效果。

孔子"朝闻道，夕死可矣"（《论语·里仁》）、曾子"士不可以不弘毅，任重而道远"（《论语·泰伯》）、孟子"穷则独善其身，达则兼济天下"（《孟子·尽心

上》)、屈原"长太息以掩涕兮,哀民生之多艰"(《离骚》)、司马迁"究天人之际,通古今之变,成一家之言"(《报任安书》)、范仲淹"先天下之忧而忧,后天下之乐而乐"(《岳阳楼记》)等,都是中华民族使命担当、家国情怀的真实写照。通过对这些作品或言论的学习,学生足以深刻感受到在中华民族的血液里,始终流淌着一种以天下为己任的崇高使命和担当意识;会激发学生对古圣先贤的热爱和追随,促使他们自觉不自觉地将这些思想拿去传承和践行。

同时,在语文学习过程中,还可以感受到许许多多文化人物的思想与情感。"独立不迁"的屈原、"我以我血荐轩辕"的鲁迅,透露出的是刚正勇往、坚毅执着的情操;"采菊东篱下"的陶渊明和"面朝大海,春暖花开"的海子,传递的是淡泊名利、宠辱不惊的名士风范;"安得广厦千万间"的杜甫,"我对这土地爱得深沉"的艾青,有着关心民生疾苦、仁爱深广的爱国情怀:这些无不体现了中国传统文化的精髓。而屈原《离骚》中高尚的爱国主义情操、陶渊明《归田园居》中的隐士情怀以及"不为五斗米折腰"的气节和独善其身的价值取向、庄子《逍遥游》强调的自由主义人生观和无为思想、荀子《劝学》中尊师重道、《孔雀东南飞》所传达的对爱情的珍视和对美好感情的歌颂等,既蕴含了古人的智慧、思想和感情,也传达着传统的价值观念。这些凝聚着中华民族情感、精神和道德因素的作品,蕴藏着深厚的文化基因,闪耀着理性的光芒,既可开阔学生视野,又能让学生吸收传统文化的精髓和营养,让他们深刻懂得在人类历史的长河中,中国传统文化是世界上最古老的文化之一,也是世界上唯一传承数千年而未曾中断的文化,是一个巨大而又深邃的文化宝藏。

三、职业院校语文教育可以有效培养传统文化的爱好者和传承人

培养优秀传统文化的爱好者和传承人,是进一步弘扬优秀传统文化的关键。只有将弘扬传统文化外化为个人的自觉行为,才能使这一行为保有恒久的生机和活力。

职业院校生肩负着振兴中华的伟大历史使命，有责任和义务了解本国传统文化，传承、弘扬和创新优秀传统文化。对于已经具备了独立思考能力和分辨能力的职业院校生，在这种经济全球化的宏观大环境下，有必要进行中华优秀传统文化教育，积极引导他们对中外文化进行主动自觉的批判性继承，做先进文化的学习者、传承者及践行者。帮助他们积极了解传统文化，能够促使他们有效夯实传统文化的基础，提高他们的认知水平，能够增强他们的民族自信心和自豪感，使他们更加热爱祖国，为祖国的繁荣与发展做出贡献。引导他们积极分析传统文化，有助于他们更加准确地认识具有5000年历史的祖国文化，挖掘出优秀传统文化的当代价值和现实意义，有利于固化他们的精神信仰和价值追求，为更好地担负起国家发展重任做好准备。

职业院校语文作为"道器兼容"的学科，在培养职业院校生阅读理解、形象思维与表达交流等能力的同时，始终渗透着中国传统文化教育。职业院校语文教学所选的基本是文学经典，内容涉及哲学、宗教、伦理、历史、艺术等内容。不论是先秦的诸子散文、历史文学，还是古代诗歌、小说、戏曲，其中蕴含的思想观念、人文精神、道德规范等，至今依然闪耀着智慧的光芒。无论是针对个体的修身之道，诸如求同存异、和而不同的处事方式，文以载道、以文化人的教化思想，天下兴亡、匹夫有责的担当精神，精忠报国、振兴中华的爱国情怀，崇德向善、见贤思齐的社会风尚等，还是针对国家的"民为贵、君为轻、社稷次之"、民惟邦本、德主刑辅、治国先治吏的为政之道等，都蕴含于职业院校语文教学内容之中。这些优秀的中华传统文化能够为职业院校生认识和改造世界提供有益启迪，可以增强职业院校生的文化认同感与归属感，逐步形成文化自觉意识，确保中华民族的优秀传统文化代代相传、绵延不绝。

对职业院校生来说，只有中学语文水平是远远不够的，不管文科生还是理工科学生，思想文化素养都是非常重要的，职业院校生应有知识分子之素质，知识分子的素质决定着一个国家民族的思想文化高度，也决定着科技的高度。我们深知，不论是过去还是现在，伟大的科学家都具有很高的文化素养，都有伟大的人文情怀和深邃思想。全面而深厚的文化素养和人文情怀，不仅有助于丰富科学家的人生，涵养科学家的性情，对他们的科学研究也是非常有帮助的。自然科学研究达到一定高度之后其实比的就是思想文化，瓶颈不再是科学素养而是思想文化水平，要想取得更大的突破，达到更高的境界，往往不取决于科学研究本身，而是取决于科学家的思想文化修养，取决于个人的人格品位、人生态度以及对个人和民族国家的认识与追求等。人文科学研究更是这样，达到一定程度之后，要想有更大的突破，往往不取决于专业知识和水平，而取决于文史哲思想的深度与厚度，取决于个人人生之境界，取决于人的情怀与胸怀。一个专注于名利的人，其学问的天花板是有限度的，只有胸怀无限宽广，学问才能无限宽广。而思想文化从某种意义上说就是语文的范畴，专业学习是有限度的，而语文学习是无止境的。

第三节 职业院校语文的教学目标

职业院校语文开设至今已40年，作为一门集工具性和人文性于一体的重要基础课程，当今却面临着重重困境，主要表现为两个方面。其一课程地位的边缘化，在部分高校由公共基础课变为选修课，由开设两学期（每学期72课时）缩减为一学期（36课时），更有甚者，一些高校职业院校语文课程已经不复存在。其二，学生的学习兴趣缺失，学生的关注点和重心都放在专业技能的养成上，对语文素养予以忽视。这种局面的形成，既有外部的原因，如当前职业院校教育的一些弊端，科学教育与人文教育的失衡、外语教育与母语教育的偏移等；也有自身的原因，如课程的教学目标不够明确，教学内容不符合职业院校生的心理需求，教学方法的课程适应性及时代适应性不强等。其中教学目标不够明确是首要问题，因为教学目标是教学活动的统帅，所有教学活动、教学过程都将围绕教学目标来组织和实施。职业院校语文到底该何去何从，职业院校生通过这门课程的学习究竟该获得一些什么样的知识和能力，应该怎样根据职业院校生的身心特点和已有的语文知识、语言能力水平，来确定与基础教育阶段有所区分的、真正切合职业院校生"最近发展区"的阶段性教学目标，确实值得我们深思。依据美国当代著名教育家布鲁姆对教育目标三领域——认知领域、情感领域和操作领域——划分标准，笔者认为职业院校语文的学习应该突破表层的语言运用，而实现其潜移默化的人文素质综合提升。具体到教学目标，则应该打通文、史、哲、伦理、宗教、艺术等学科之间的界限，进行整体观照。

一、涵泳文学经典，提升语言能力

叶圣陶先生曾有言："语言是人与人交流和交际的必不可缺的工具。"不善于使用这个工具，就无法工作和生活。哈佛职业院校前校长查尔斯·艾略特也说过："我认为有教养的青年男女唯一应该具有的必备素养，就是精确而优雅地使用本国的语言。"教育部2011年第一次新闻发布会上，时任国家语委副主任、教育部语言文字信息管理司司长李宇明认为，"到了今天，我国正在由一个人力资源大国向人力资源强国迈进，语言在我们每一个人的发展当中是三种核心能力之一。人的三种核心能力：一是语言交际能力，二是计算能力，三是逻辑推理能力。语言能力是现代人才必备的基本素质。语言能力是一种综合能力，不仅涵盖了人内在的语言能力和外显的语言知识，而且涵盖了实际的、动态的语言运用和人际交流的能力。"语言能力强的人往往在其他领域也有优异的表现，语言能力弱的人其他方面更是难以有创造性的发挥。他们的全面综合素质，尤其是吸收知识和创造知识的能力必然大打折扣。语言能力不仅关系着每个学生的生存与发展，还将影响一个国家未来的竞争力。而当今的部分职业院校生语言贫乏，叙事说理不得要领，且错谬百出。要改变这种现状，提升职业院校生的语言能力，关键的一环就是培养学生高品位的语感，而语文教育的支点和主要任务就是培养学生的语感。

所谓语感，"是人对语言的直觉感知、领悟、把握能力，即对语言的敏感，是人于感知的刹那在不假思索的情况下有关表象、联想、想象、理解、情感等主动自觉地联翩而至这样一种心理现象"。语感是语言能力的核心，语感的良莠直接影响到阅读能力、写作能力、口语交际能力和思维能力的高低。"高品位的语感能使言语主体一听就清、一读就懂、一说就通、一写就顺，而且听得真、懂得深、说得好、写得美。"良好语感的养成很大程度上依赖于对古往今来大家巨擘的典范文章的体悟。作为学生，从踏进校门开始就接触古今中外的优秀文学作品，语感的培养贯穿于整个基础教育阶段，但对作品的全方位把握和深层次阅读与个体的生活经验和思维能力直接相关。因此，中小学阶段主要是语言知识的积累阶段，侧重语感和语言能力的初级培养。而对职业院校生而言，随着人生阅历的日渐丰富和身心的日益成熟，则应该追求更高品质的语言能力，对文学作品的阅读应由浅尝辄止的"浅阅读"过渡到"虚心涵泳，切己体察"的深度学习和体验。

"涵泳"就是沉潜于作品之中边读边思、边思边读，读和思交织进行，以达到对作品全方位的感知与领悟。用曾国藩先生的话来说，便是"涵者，如春雨之润花，如清渠之溉稻；泳者，如鱼之游水，如人之濯足，善读书者，须视书如水，而视此心如花，如稻，如鱼，如濯足，则'涵泳'二字，庶几得之于意，言之于表"。

古人云："书读百遍，其义自见。"宋人朱熹亦云："大抵观书先须熟读，使其言皆若出于吾之口，继以精思，使其义皆若出于吾之心，然后可以有得尔。"（《朱子语类·卷十读书法上》）职业院校语文课程所涉内容、所选篇目都是文质兼美的典范之作，它们"抑扬顿挫的音韵、忽急忽徐的节奏、回环往复的旋律、曲折变化的意绪、波澜迭起的布设"蕴含着无穷的魅力。如《谏逐客书》，虽为一篇实用文，旨在论证秦国驱逐客卿的错误和危害，但其充沛的理气、华美的辞采、流畅的音节、极强的理论说服力和艺术感染力，无不让人折服；而李煜的《浪淘沙·帘外雨潺潺》，真可谓"语语沉痛，字字泪珠，以歌当哭，千古哀音"，一个极具亡国之痛和囚徒之悲的亡国之君的形象活脱脱地呈现在眼前。无论是诗、词、曲、赋，还是散文、小说，只要能静心涵泳，细细玩味，从字句入手揣摩、学习作者的运思脉络，其语言的神韵、义理，必然深深地印入脑海，最终以明达文义，窥得创作之神气；久而久之，高品位语感自然形成，良好的语言能力指日可待，张口即是丽辞佳句、妙语奇言，而铺纸濡墨时，定当"胸藏万汇凭吞吐，笔有千钧任翕张"。

二、加强审美体验，构建理想人格

"教育的功用就在顺应人类求知、想好、爱美的天性，使一个人在这三方面得到最大限度的发展，以达到完美的生活目的。""求知、想好、爱美"亦即求真、求善、求美，此乃做人的最高道德标准。职业院校语文教学又将如何引领学生向真、向善、向美？必然是引导学生加强审美体验。"所谓'审美体验'，是指审美主体在审美过程中的情感体验，它是心灵的震撼、灵魂的洗礼。"作为一种富于情感的精神活动，审美体验是情感发展、丰富和升华的过程。在这一过程中，学生的情感与作者寄予的情感产生共鸣，在获得深层的审美享受之时，体验越丰富，感受就会越深刻，情感也就越强烈，而体验的终结是生成一种属于自己的更深刻的情感。

职业院校阶段语文课的教学内容均是从古至今的经典篇章，而体验可以使文本在学生内心生成鲜活的形象，可以让与己无关的语言材料变为熟悉的、可以交流的，甚至是融入自身生命的存在。职业院校语文学习的过程是伴随着强烈体验的，而职业院校语文教学的过程，无疑是将这些体验加以细腻化、细致化的过程，让学生在优美深情的文字世界里徜徉，获得美的享受、获得无尽的滋养。

大自然的一切，经过颇具声色之美的文字的描摹，鲜活地呈现在读者的眼前，会不自觉地唤起学生对美好大自然的依恋与向往。无论是陶渊明流连的朵朵菊花点缀着的"悠然南山"，还是晏殊独自徘徊的"小园香径"；无论是"势拔五岳掩赤城"的天姥山，还是"飞流直下三千尺"的庐山瀑布；无论是"水尤清冽"的小石潭，还是"树林阴翳"的醉翁亭；无论是"碧玉妆成一树高，万条垂下绿丝绦"的春天、"云收雨过波添，楼高水冷瓜甜，绿树阴垂画檐"的夏日，还是"无边落木萧萧下""千山鸟飞绝，万径人踪灭"的秋冬；无论是"大漠孤烟直，长河落日圆"的壮观景象，还是"落霞与孤鹜齐飞，秋水共长天一色"的宁静画面。大自然中的山川大地、草木虫鱼、风花雪月等，经过文人的抒写，再经由教学情境的创设，将学生引入一幅幅生动的画面之中，让他们带着对美的憧憬进入文章的情感世界，这样由景入画、由景生情，必定会使学生思维活跃、兴趣高涨。在拨动学生"美感琴弦"的同时，弹奏出审美教育的乐章。在情感和理智相融的和谐氛围中，不仅能激发学生特定的审美情绪，而且在学生心目中架起一座感受生活美、尽享艺术美的桥梁。在尽享艺术美的同时，起到"只可意会，不可言传"的美育效果，语文知识得以内化，审美意义得以升华。

优美的文学作品不仅让人领略到作家笔下的自然之美、物象之美，更重要的是可透过文字、物象，体验作者所寄寓的情感。优秀的文人总是善于将对历史、社会、人生的深沉思考寄寓于文字之中，以游说辩驳、借古献今、寄情山水等方式来传达个人的政治追求及对社会、对人生的责任和使命。无论先秦诸子、"唐宋八大家"，还是屈原、李白、杜甫、辛弃疾、陆游等大家，均长于将劝谏之辞、除弊革新之意以及人生感慨、理想追求等寓于文章之中。读者在深入品味作品之时，自然会体验到作者的各种情感。如孔子"知其不可而为之"的积极进取、孟子"富贵不能淫，贫贱不能移，威武不能屈"的刚强、庄子"心斋坐忘""无为而无所不为"的自在、李白"长风破浪会有时，直挂云帆济沧海"的豪迈、苏轼"一蓑烟雨任平生"的旷达、范仲淹"先天下之忧而忧，后天下之乐而乐"的崇高、文天祥"人生自古谁无死，留取丹心照汗青"的赤诚等，都让学生深深感受到古圣先贤们的博大胸襟、坚定节操和高蹈道义。这种审美体验，已经超出单纯对语言美的感知层面，不仅能给学生美感，更能给他们思想的启迪；不仅可以让学生体味中国五千年文明积淀的美学境界，更能让他们找寻到铸炼灵魂的烈火、滋养他们自强不息精神的强大力量。

诗意境界、高尚情感的长期浸润，不仅能加深学生对作品以及作者情感的深入体验，更能让学生在浸润的同时受到情感的熏陶，并产生相似情感，恰如何绍基所言："神理音节之妙，可以涵养性情，振荡血气，心头领会，舌底回甘，有许多消受。"(《东洲草堂文钞》)语文不仅可以提高学生的审美能力及对社会的认知能力，更能促进学生美好情感的形成、高尚品格的养成和人生境界的提升。

三、增强人文底蕴，涵养科学精神

科学技术是人类社会快速发展的强大动力，而其良性发展与进步不仅需要科学精神的推动，也需要人文素养的支撑。人文素养与科学精神既是人类精神的内在组成部分，也是人类实践不可或缺的精神动力。如科学精神与人文精神割裂，将会导致人与自然、个人与社会、人的物质生活和精神生活等的分化与对立，并导致环境污染、资源枯竭、气候变异、生态失衡、物种灭绝，等等。人文素养与科学精神协调发展，才能促进社会的健康发展和个人的精神完善。

人文底蕴是现代文明人的基本标识，而科学精神是现代人的基本品格。人文底蕴与科学精神是现代文明人的必备要素，人文底蕴的形成与积淀并非一蹴而就的，而是需要人文知识的日积月累和将人文知识内化为个人的修养与品格。人文知识的获取是拥有人文底蕴的基础，而文、史、哲是人文知识的基本来源，化为课程，即主要是语文、历史与哲学，尤以语文课为主，贯穿基础教育的始终，且一直延伸到职业院校。

语文既是交际工具，更是生命符号，是人类以之传递事、理、情、志的载体。职业院校语文的教学内容是中华几千年累积的名著与名篇，从《诗经》《离骚》《古诗十九首》到《静夜思》《念奴娇·赤壁怀古》《西厢记》《窦娥冤》，至现代的《再别康桥》《面朝大海，春暖花开》，从《论语》《孟子》《庄子》《墨子》到《西游记》《红楼梦》，乃至今天的《平凡的世界》《活着》等，无论是中国古代诗词曲赋、现代的朦胧诗，还是先秦诸子的主张、历史散文、唐代的传奇、明清乃至今天的小说，数不胜数的佳作美文不仅记录了从古至今社会生活的方方面面,也蕴含了人类的种种情绪、情感、意志、价值。对这些佳作美文的学习不仅可以让学生的语言知识日益丰富,还可以丰富其文学知识、历史知识、政治知识、艺术知识、哲学知识、宗教知识、道德知识等。随着学生人文知识的日益丰富,并能在教师的引导之下将知识贯穿于行动之中时,知识即慢慢内化为素养,成为可以相伴终生的一种精神动力,其内在情怀与心灵境界将自然升华。于此,对人的命运、尊严、存在的意义和价值将会不自觉地加以关注,会逐渐懂得追问个体生命的意义,追求个人价值的实现,重视人的超越性向度,崇尚独立人格和自由意志,从而形成以人为本的意识,自觉地维护和践行社会主义核心价值观。

职业院校语文教学不仅是引导学生感受语言文字的魅力,提升语言能力,同时,还将陶冶学生思想情操,促成其良好的情感和价值品质的形成;也有益于培养他们独立思考的品质,激发他们的想象力和创造力,从而涵养其科学精神。科学精神的基础是理性思维,而建立在理性思维基础上的科学方法无法与人文的非理性因素绝缘,科学家客观理性地探索自然的背后,始终隐藏认识主体的"自由创造"精神,科学研究同样需要信仰、直觉、顿悟、想象等"人文方法";科学的"求真"思维也无法摆脱"向善""臻美"思维的深刻影响。

语文教学的首要任务自然是培养和提高学习者的语言能力,而语言能力和思维能力往往又是同步发展的。学习者在从语音、语调中获得美感的同时,可从语汇中获得知识,进而从语法中获得系统类推的逻辑思维能力。文学佳作名篇的最大特点莫过于其审美性,但其严谨的篇章结构也不可或缺,而章法的严谨有赖于思维的严谨、逻辑的严密。如《召公谏厉王弭谤》中召公的谏词,先从反面设喻阐明防民之口的危害性;接着援引先王听政的经验,从正面阐述天子该怎么做,从反面论述说明天子不应该怎么做;最后再从正面设喻说明"宣之使言"的好处。在品味文本语言美的同时,也深深体味到其严密的逻辑所带来的说服力。长期受此类文本的熏陶与感染,学生的逻辑思维能力必将有效提高。而文学作品中的大胆夸张与想象，则对培养学生的想象力与创造力更是大有裨益。"鹏之背，不知其几千里也。怒而飞，其翼若垂天之云"之奇思、"欲与天公试比高"之妙想，无不激发着学生的想象。想象是创新的基础，丰富想象力的培养，必将引导学生做出非一味接纳的思考，深入思考又将涵养他们的批判质疑精神，有了批判与质疑，也就会敢于去探究、去创新。

四、弘扬优秀文化，增强文化自信

法国结构主义人类学家列维·斯特劳斯曾对语言与文化的关系做过这样的归纳：从发生学的角度来讲，语言是文化的一个结果；从哲学的角度来讲，语言是文化的一个部分；而从人类学的角度来讲，语言则是文化的一种条件。语文是人类文化的重要组成部分，是传播民族文化和培养民族精神的重要载体。高等教育阶段不仅是职业院校生专业知识的学习阶段，而且是其文化修养进一步提升的重要时期。职业院校语文教材之选文，题材广泛，内容和形式丰富，不仅可以让学生欣赏到不同时期文学作品的艺术美，了解到中国历朝历代的历史、政治、经济、军事、哲学诸多方面的内容，还能让学生在感受中华文化的博大精深的同时，提高其文化水平和自信。

我国浩如烟海的优秀文学作品中，有的以记事为主，有的重在说理，有的长于抒情，内容包罗万象，形式丰富多样。正因为如此，我们在品读不同时期、不同形式的文学作品时，不仅可以获得艺术美的享受，还能掌握中国传统文化方方面面的内容。如学习先秦诸子散文，不仅可以了解春秋战国时期散文之言简意赅、长于论辩的整体特点，还可以了解诸子百家的思想，如老子的辩证法、庄子的"无为"论、孔子的仁爱哲学、孟子的民本思想、荀子的"制天命"观、墨子的"兼爱""非攻"和韩非子的法制思想等。同一时期的《左传》《国语》《战国策》等，则既可以让学生了解历史散文言辞的温雅生动，也可让其清晰地了解春秋战国时期政治、军事、外交等方面的真实情况。"诗三百，一言以蔽之，曰'思无邪'"

出自《论语·为政》，说《诗经》不仅写出了周初至周晚期约500年间的风俗与民情，还涉及天象、地貌、动物、植物等方方面面，可以说是周代社会生活的一面镜子。有"史家之绝唱，无韵之离骚"之称的历史巨著《史记》，则不仅是我国传记文学的典范之作，更是我国第一部纪传体通史，不仅能让学生品味到精妙的叙事艺术、精彩的人物刻画，还可以通晓中国从上古到西汉时期3000年左右的政治、经济、军事、文化。在中国文学史和世界文学史上绽放着奇光异彩的《红楼梦》，虽然写的是人间"悲喜之情、聚散之迹"，却更是一部清代社会生活史。

职业院校语文教材所选之文本，不仅蕴含丰富的文化知识，也深深地渗透着民族个性，更是丰富而深厚的中华民族优秀传统文化的积淀。品读经典文本，不仅可以引导学生加强文化修养，激发对祖国的热爱之情，实现文化的传承，还可以通过对经典文本的现代阐释与转化，引导学生达到古为今用的目的。在传播和弘扬传统优秀文化的同时，增强文化自信，实现文化创新。

第四章 职业院校语文课堂教学优化体系构建

第一节 语文课堂优化的基本规律

一、课堂优化要注重过程学习

当代教学论认为，学习是一个过程，而不只是一个结果，教学要注重过程学习。这一教学思想表现在课堂上，则以学生为主体、教师为主导，充分发挥学生学习的主动性、灵活性和创造性，使他们积极参与探索知识的过程，能动地获取知识。这种过程不仅是获得正确的答案和结论，更重要的是提供给学生一种自我探索、自我思考、自我表现和自我创造的实际机会，使学生能进行学习的自我体验，心理得到最好的发展，从而增强自我力量的意识和创造精神，并学会学习和创造。这种教学同传统的传授式教学只注重学习结果、强调获得知识本身，从根本上划清了界线。语文教学尤需注重过程，其理由如下：

1.从语文课设置的目标来看，语文教学是一个训练学生语文能力的过程。语文课的基本目标是培养学生读、写、听、说的能力。而能力都是在应用知识的实践过程中逐渐形成的。只有将语文教学作为学生言语活动的实践练习的过程，才能有效实现语文教学的目标。只是机械地记取现成的结论，是与实现语文教学目标相悖的。

2.从语文学习的心理来说，语文学习是学习主体复杂的智能操作过程。这主要是因为语言与思维关系密切，语言是思维的物质外壳，思维是语言的精神内核。学习语文，不管是理解语言还是运用语言，学习主体必须进行一系列复杂的形象思维和逻辑思维活动。这种活动是教师不能替代的。学生只有经历了主动、积极的思维过程，才能保证语文学习富有成效。

3. 从语文学习的特点来看，语文学习是学习主体凭借自己的生活经验和审美情趣参与言语认识的过程。理解语言和运用语言都要凭借自己的生活经验和审美情趣来进行。而学生的生活经验和审美情趣是千差万别、各有千秋的。如果教师只是要求学生按同一标准吸收，势必抑制学生的心理活动，扼杀学生语文学习的个性，失去教学应有的优化功能。只有让学生在学习过程中充分调动自己的个性心理去理解语言、运用语言，语文教学的优化才可能落实。

语文教学注重过程，就是要把学习知识的过程与探索过程结合起来，让学生自觉地发现、研究问题，在教师的启发下独立完成认识过程，获得科学认识问题的途径及方法。注重学习过程的关键在于坚持学生是学习和发展的主体，坚持教师主导作用与学生主体作用相结合，一切教学活动的组织都应该以有利于开展语文学习过程为出发点，帮助学生在生动活泼的学习过程中发展。在具体的教学中，应该让学生处于探索者的主体地位，有机会和条件去发现问题和分析、解决问题。

例如，有教师把阅读教学的过程分为三个阶段。①初读激疑、自我探究阶段：教师可根据学生实际和教材内容，引导学生围绕某些方面来思考和提出问题。②精读释疑、理解深究阶段：学生初读时提出的属本课重点的问题，可引导学生共同解决；学生没有提出的重点问题，教师则提出，然后引导学生带着问题去细读课文，深入探究解决。③熟悉总结、实践应用阶段：让学生在熟读课文过程中总结规律，并用以实践、探索。这三个阶段是在教师的引导下，让学生探索问题的完整过程。它既可让学生学好语文知识，深入理解课文，直接收到学习效果；又提供了机会和条件，让学生处于探索者的主体地位，在探索过程中获得发现和分析、解决问题的途径、方法，使心理得到发展。

二、发挥语文教材的范例功能

语文教材有诸多功能,如训练功能、审美功能、人文教育功能等。而语文教材最突出的特点是范例性。语文学科的教材与其他学科的教材不同,其他学科的教材的主体即课文,主要是阐述该学科的知识,由概念、定理、定律和例证等逻辑序列构成。

语文教材的主体部分是文章或文学作品等言语材料,这些言语材料是语文知识的综合运用形式,不直接阐述语文知识,只印证语文知识,做学习语文知识和训练读、写、听、说能力的范例。语文教材的这种特点,决定了它的功能主要在范例作用上。这正如叶圣陶先生所说:"语文教本只是些例子,从青年现在或将来需要读的同类的书中举出来的例子;其意思是说你如果能够了解语文教本里的这些篇章,这就大概能阅读同类的书,不至于摸不着头脑。所以语文教本不是个终点。从语文教本入手,目的却在阅读种种的书。"语文教材的这种范例性表明,优化语文教学过程必须凭借教材充分发挥它的范例功能。发挥教材范例功能的关键是深挖课文的智能因素特别是创造性因素,并实现它的训练价值。必须看到,语文教材的课文是作者经过一系列复杂的智能操作写成的,其中蕴含着极为丰富的智力因素和语文技能因素,课文所具有的范例功能,主要就是这些因素对学生学习语文和发展心理所产生的积极影响。优化语文教学就必须重视这些因素对培养学生语文能力、发展学生智力方面的教学价值,应将课文的这些因素充分发掘出来,以之作为学习语文的示范。

事实上,课文中蕴含的智能因素很多,隐藏着丰富的、极有教学价值的智能资源。就智力因素而言,有观察、思维、联想、想象、记忆等。再究下面的层次及其具体表现,难以穷尽。例如,以思维的智力品质而言,它又表现为广阔性、灵活性、深刻性、独创性、批判性、准确性、严密性、条理性等。就语文技能因素而言,有遣词用语、立意选材、谋篇布局、写作技法等。这些因素都可以用作训练示范，凭借它们培养学生的语文能力，发展学生的智力。必须看到的是，课文的智能因素是作者写作时进行言语操作所反映的心理特征，这些特征存在于语言文字系统中，呈潜在状态反映着。

　　语文教学要发挥课文智能因素的训练价值，必须引导学生深入地揣摩、领会课文的语言，让学生与作者角色换位，"经历"和还原作者构思行文的心理操作过程，从中得到领悟和启发，获得同化和发展。例如，茅以升的《中国石拱桥》一文的语言准确、严密，这是作者思维准确、严密及智力品质和纯熟语言功底的表现。这就大有价值可利用。该文写赵州桥的结构有一句话："大拱的两肩上各有两个小拱"。这句话仅有12个字，用"两肩""各"等词语准确、严密地说明了小拱的位置和数量。教师可以在黑板上画一个赵州桥的简笔画图，让学生不看书，用自己的一句话表述小拱的位置和数量，并按自己的理解在纸上画出来。然后，再让学生打开书，看作者是如何表述的，并对照自己的表述领会"两肩"和"各"用词的准确、严密。这实际上是利用课文对学生进行语言和思维的准确性、严密性训练。

　　现行全国通用语文教材中的课文都是优秀的文章或文学作品，它们是作者精心创作的结果，从谋篇布局到行文用语，处处都留有作者创造性智能运作的轨迹。语文教学尤其应该深入挖掘课文含有的创造性的智能因素，用以训练学生。事实上只要循着作者智能操作的轨迹，就不难发现课文的创造性智能教育因素。例如，杨朔的《茶花赋》开篇说，"画点零山碎水，一人一物""调尽五颜六色""又怎么画得出祖国的面貌"，造成有要托之情而找不到所托之物的悬念；然后思路发散，层层推进，陪衬铺垫，开拓深意于一连串的联想之中，赋予了茶花以春深似海、旭日东升、欣欣向荣的意蕴；最后使朴实深沉的爱国之情得到了寄托，结尾自然地解答了开篇的悬念："画一大朵含露乍开的童子面茶花，岂不正可以象征着祖国的面貌？"全文构思布局独特巧妙，闪烁着作者创造性思维的多端性、灵活性和独创性的智慧火花。教师应该捕捉住课文中的点睛之笔，并以此作为点燃学生智慧的火把。

三、课堂优化促进积极的学习迁移

"为迁移而教",是时代对教学的要求。迁移是一种学习对另一种学习的影响,有积极和消极之分。积极迁移简称"迁移",是学习主体在学习过程中通过积极思索,发现两种学习内容在知识、技能、方法等方面的联系,从而利用这些联系去发现、掌握新知识、新技能。一切有意义的学习,必然包含着迁移。教学的目标不仅是要传授知识,而且要在传授知识的同时,发展学生的智力,使他们具备自学的能力。可以说,学生学习迁移的效果是检验教学是否达到这种目标的最可靠的指标。

对语文教学来说,迁移学习训练是发展学生自学能力进而实现创造的必要途径,优化语文教学便应努力促进学生积极的学习迁移。按照认知心理学的观点,迁移是学生的习得经验和已有的认知结构及心理品质同化、类化新知从而解决问题的过程,包含着许多可循的心理规律。要让学生实现有效的语文学习迁移,发展他们的自学能力和创造性解决问题的能力,教师应该帮助他们懂得迁移的规律,掌握语文迁移的途径。迁移的途径主要有以下几种:

1. 统摄。这是将几个已知概念或命题同化于一个概括层次更高的概念或命题的认知。这种迁移的关键是要通过比较,找出已知中的共同属性,统摄于具有概括属性的概念或命题中。例如,要求把荀子的《劝学》中的两组排比句"登高而招,臂非加长也,而见者远;顺风而呼,声非加疾也,而闻者彰。假舆马者,非利足也,而致千里;假舟楫者,非能水也,而绝江河",抽象概括成一般的推理句,便需要比较四个特殊的事例,从中找出"本身条件非异,凡善假物者,就能获得好效果"这一共同本质,就实现了认知同化。

2. 演化。这是已知概念、命题对其特征或例证的概念、命题的同化。例如,让学生掌握倒叙、插叙的特征,要求他们辨析某篇课文的叙述方式,学生发现这篇课文在叙述方式上具有这种特征,将已有的知识演化即可解决问题。演化迁移的关键是要辨识未知与已知的共同特征,并将已知在问题情境中具体化。

3. 归联。这是具有高概括层次的概念或命题对下一层次的新概念、新命题的类化。例如,学生具备语境意义的有关知识,懂得语言具有"固定意义"和"临时意义",语境意义属"临时意义",出具体的言语环境补充决定,常常与语言的"固定意义"不尽相同。当学生理解某段话中语句的意思时,便会立刻把语句纳入这段话的语境来理解认识,从言语背景和语流方面来领悟语句的意思。归联迁移的关键是要准确掌握具有概括属性的有关知识,并在解决问题时,能迅速找到旧知与新知的本质联系,从而应用旧知分析、认识新知。

4. 类推。这是指新旧概念或命题异形,但二者又有某些共同点或相似点的旧知对新知的同化。例如,"因为 A 所以 B"和"既然 A 就 B"这两种句式虽表现形式不同,但都有"因"和"果"的关系。只不过前者的"果"已属事实,后者的"果"是一种推测。学生如果掌握了"因为 A 所以 B"的因果句式,要求辨析"既然 A 就 B"的句式时,就可由旧知类推本句的句式。类推迁移的关键是要善于将新知和旧知类比,发现其中的共同因素或相似因素,从而做出正确的推断。

因此,注重知识积累,特别是丰富具有基础性、概括性知识的积累,是实现积极迁移、有效学习的必要保证。迁移总是与知识的应用和问题的解决过程紧密地联系在一起的。因此,精心设计好练习是促进学生积极迁移学习的重要环节。一般来说,能促进迁移的语文练习有以下三类:

(1)独创性练习:这类练习要打破学生的思维定式,不能受限于单一的所谓"标准"的答案,而应促使他们进行独创性思维,产生新颖的属于自己发现的答案。独创性练习还有利于课堂教学,它能使学生深刻地领会作品主题、情节结构;帮助学生深刻地理解词语,提高运用词语的能力,有效地增进语文知识,能够使学生对作品所描绘的人和事获得丰富细致的感性认识,然后进一步上升到理性认识,锻炼想象能力和思维能力。

（2）发散性练习：这类练习要具有开放性，让学生能多侧面、多层次、多方位地进行思考，寻求多种途径和方法解决问题，谋求多种结果。发散性练习的特点是：充分发挥人的想象力，突破原有的知识圈，从一点向四面八方想开去，并通过知识、观念的重新组合，寻找更新更多的设想、答案或方法。发散性练习通常是不依常规，寻求变化，对给出的材料、信息从不同角度，向不同方向，用不同方法或途径进行分析和解决问题的，其中，一题多解的训练是培养学生发散思维的一个好方法。它可以通过纵横发散，使知识串联、综合沟通，达到举一反三的效果。

（3）评述性练习：这类练习应让学生发挥自己的认识，从新的角度或以不同的方式来判断、评价和阐释一些观点、材料。例如，学生学习了《雷雨》，可让学生对剧中的人物及其对话艺术进行评论；学生学习了《六国论》，可让他们对"六国破灭，弊在赂秦"的中心论点质疑，阐述自己的观点。

四、课堂优化激活无意识的心理活动

无意识又称"潜意识"，相对显意识（一般称"意识"）而言，是人未意识到的心理的总和。这种心理是主体对客体不自觉的认识与内部体验的统一，包括无意感知、无意识记、无意再认、无意表象、非言语思维、无意识体验等。无意识心理活动的主要功能是对客体的一种不知不觉的认知和内部体验。

无意识心理倾向主要是大脑右半球的创造机能，感情和想象力是它的重要组成成分，与它紧密联系在一起的还有态度、动机、期待、兴趣、需要等因素。这些都是语文创造性学习不可缺少的心理因素。尤其要看到的是，无意识占整个意识的绝大部分。依据弗洛伊德的说法，人的意识仅仅是人的精神活动中位于表层的一个很小的部分，占 1/9；无意识才是处于人的心理深层的部分，这个部分很大，占 8/9。这好比漂浮在海中的冰山，显露于海面的 1/9 是意识，而隐没在水下的 8/9 是无意识。已有的研究证明，无意识是意识活动的基础，意识活动一般都是在与无意识的结合中进行的，而且只有二者和谐一致，心理活动才能达到最佳效果。因此，要优化语文课堂教学，实现创造性的培养目标，就应注重唤醒、激活学生的无意识，让无意识与意识协同一致地积极活动起来。

要想激活学生的无意识，需要应用暗示渗透的原理和方法，按照暗示渗透的教学原理，学习高效率不是强迫学习的结果，而是在轻松愉快的环境中自觉学习从而让无意识与意识高度配合的结果。具体地说，暗示渗透除了应用放松学习、想象练习等专门技巧外，更经常的是通过教师的态度和行为及场景、氛围来感染学生。如教师微笑的面容、充满自信的神态、生动有趣的讲述、朋友般的鼓励、轻松愉快地探讨问题，都可以给学生以暗示。在这种环境下，学生会感到：学习是愉快的事情，课程是很有意思的，学习是不困难的，从而乐于学习，有信心学好。这样，便可激活学生无意识配合意识进行学习活动。

五、课堂优化重视非逻辑思维的感受作用

非逻辑思维包括联想、想象、直觉、灵感等，它们在感受言语情境进而体味其情感方面发挥着独有的作用。语文学习离开了非逻辑思维的感受作用，必然浮于语言符号系统的表层意义上，或限于抽象空泛的认知上，进入不到高层次的语文学习水平，语文教学的优化必然落空。所以非逻辑思维对学生学习语文知识有很大的作用。

1.重视非逻辑思维的感受作用，是语文教材的特点对言语认识活动的要求。语文教材的课文本身是有情境的。一篇优秀的文章、文学作品总是在一定的情境中产生的，是作者所接触的实际生活的反映。正是客观的生活情境（包括社会环境、自然环境、具体的人事景物、生活场景、情感氛围及种种问题情境）使作者的思想情感受到触动，才激起写作动机，见诸言辞，写成文章或文学作品。即使有的文体——如议论文——没有直接描绘意境，但在逻辑推论中隐含了情感结构，仍然含有动心动情的形象。在语文教学中注重引导学生对课文情境的感受，

才能让学生领悟作者的情思和追求，获得对课文深切的理解和体味。

2. 语文学习注重非逻辑思维的感受作用，合乎学生思维活动的认识规律。学生的抽象逻辑思维开始发展，但仍以感性表象为支点，这种逻辑思维属于直观形象的抽象。学生逐步发展思考活动也需要直观的形象思维和抽象逻辑思维二者双向进行、协调活动、相互融合。而感受情境要调动学生的表象，从感受形象开始，在此基础上引导学生应用抽象思维深入认识课文，这与青少年语文学习的思维活动是一致的。

3. 重视非逻辑思维的感受对学生的心理发展有极重要的作用。这主要表现在非逻辑思维感受可以开发学生右脑的创造潜能。有关研究表明：人的大脑功能，左右两半球既有分工又有合作。大脑的左半球掌握逻辑、理性和分析的思维，包括言语的活动；而大脑的右半球则负责直觉和形象思维，包括情感的活动，创造力主要是大脑右半球的功能。在传统的教学中，无论是老师的讲解，还是学生的单项练习，以至机械的背诵，所调动的，主要是逻辑的、无感情的大脑左半球的功能。而重视了非逻辑思维的感受，并使它与逻辑思维的认识活动相互作用，便可让学生边体验感受边进行内部言语活动。这样，大脑两半球交替兴奋或同时兴奋协同工作，则可大大地释放出潜能，创造力便渐渐增强。促使学生非逻辑思维感受的具体方式很多，主要应考虑下列两种方式：

（1）设置情景：提供与语文课堂学习有关的情景，如利用实物、图画、音乐、影像、环境布置以及其他多种现代化教学手段来造成生动可感的情境。这种方式作用于多种感官，可以让学生的非逻辑思维的感受作用得到充分发挥。

（2）诱发情境：唤起生活经验，通过记忆表象和想象再现社会或自然场景，把学生带入语文学习的特定情境中。例如，对课文情节绘声绘色的表演、教师生动感人的讲授、分角色朗读以及复述、改写、扩写、续写课文等，都可以把学生带入课文的情境中，深深地触动他们的情感，使非逻辑思维的感受作用得到发挥。诱发情境的关键在"披文入情"。教师要善于引导学生应用非逻辑思维揣摩、体味课文的语言，诱导他们将第二信号系统的语言文字还原为活生生的人事景物。

其中，感受情境要结合着逻辑认知活动进行。感受情境能触及学生情感的深处，激活学生的潜意识，使他们获得情感的体验和直觉的认知，受到感染熏陶和潜移默化的影响。让学生感受情境：一方面要发挥非逻辑思维的感受作用，使学生在潜意识的驱动下自然地进入情境，达到"入境始与亲"的境界，另一方面要帮助学生运用逻辑思维对情境进行分析认知，把潜意识引向显意识，把感性直觉上升为理性认识。因为感受情境触及学生的潜意识，产生的是直觉的感受、认知，一般只是一种意会，比较朦胧，难以用语言把它说清楚，有时还停留在浅层次，甚而产生主观偏向的歪曲感受、认知。这就有必要对情境进行理性的分析和开掘，让学生说出自己的直觉感受，或写成学习心得、札记。这样，便可使学生的认识及情感产生飞跃，从而发挥最大的教育效应。

六、语文理法学习与语感学习相结合

语感对语文理法学习的这种作用，也是由语言意义本身的特点所决定的。陈望道先生说："一切语言文字的意义，平时都是抽象的，都只表示这等概念。""及至实际说话或写文，将抽象来具体化，那抽象的意义才成为具体的意义。"他还进一步论述道，对语言文字的"固有和临时两种因素"，平常都只凭经验来分析，各人的经验不同，分析也就不同。对于含情的字眼，更是如此。陈望道对语言文字特点的这些分析，也表明了学习语言的途径。这就是说，学习语言不能停留于翻查字典、辞典得到的语言文字的意义，或仅仅做语法、修辞、逻辑、文学等方面的理性分析；最根本的是依赖语感经验，引导学生对语言运用的准确、畅达以及对其中的情态、情味进行切实、深入的感受，才能透彻了解语言，获得语感方面的能力。只有学生具备了一定的语感能力，语言学习才能收到良好的效果。

学习语文理法能为语感提供理性经验，使语感能力得到提高。一般人的语感是在长期的言语实践中自然形成的，能为理解语言和运用语言提供一定的言语感性经验。但仅凭这种单纯的感性经验来理解语言、运用语言，往往知其然而不知其所以然，局限很大，甚至有错误。这种语感显然是低层次的。在理法的指导下，感性经验便可得到修正、整理和提高，使认识发生飞跃。也就是说，语文理法可以使人们对言语的理解和鉴别，既知其然又知其所以然，使语感在原有的基础上进入高级的层次。感受言语，直接经验还是主要的，通过严格的语文理法学习，便能逐步积累间接的理性经验，从而形成真正敏锐的、准确的、深刻的理解、鉴别言语的能力。语文理法学习对提高语感的影响作用，其实也是由语感自身发展的心理要求决定的。高层次语感的心理结构以理性积累为基础，语感过程即是用早已筹思于前的经过长期逻辑理智思考而形成的认知心理结构去认同眼前的言语。可以说，高层次语感是语文理法知识与实际练习相结合而积累凝聚起来的言语感受的理性经验。语文教学是学生得到语文理法知识的基本途径。通过严格的语文理法学习，以直接感受经验为主的语感得到发展，进入理性认识的高级层次。

语感与语文理法之间有着相互关联、相互为用的必然联系。这种联系表明了以语文理法为指导的当代语文教学模式既需要学习必要的语文理法，更要立足于培养学生的语感，并使二者有机地结合起来。这种结合主要应考虑以下四个方面：

1. 传授语文理法知识与训练语感能力结合。这是培养语感的基本指导思想，语文教学要根据语感训练的内容，传授必要的语文理法知识，并服务于语感训练的实践，使它成为培养语感的有效手段。例如，针对语义感的训练，应传授必要的词语知识、段落结构的知识、逻辑的知识、文体的知识、表达方法的知识；而对语言中的情境感、情味感的训练，应传授必要的文学表现手法的知识及想象、联想等鉴赏方法的知识等。

2. 课内计划训练和课外开放学习结合。这是训练语感，提高学生语感能力的基本途径。课内计划训练是有规则的语文学习，可以为学生提供理性经验，帮助学生扎扎实实地打好语文基本功，尽快地增强学生的语感能力。但是，语感具有实践性，语感能力的形成和提高必须通过反复不断的练习和直接的言语实践。因此，语文学科应充分利用语言的社会性和语文学习的广泛性，要求和指导学生自觉地应用课内所学的理法知识，在课外积极广泛地学习语文，大量地积累语感经验，使课内语文规则学习向课外延伸、开放，与课外语文学习相互联系、相互补充、相互促进。

课外语文开放学习没有时空限制，内容形式很多，包括与听、说、读、写技能有关的一切言语活动。例如，有的老师指导学生写语感随笔，便是课内语文规则学习与课外开放学习相结合的有效形式。语感随笔专门记录自己学习语言的心得，它要对所感的言语做理性分析，能把言语感受的感性经验与理性经验联系起来。凡是自己在课内外一切听、读活动中对言语有所感受，都可作语感随笔。这种训练本身就是一种语感理性经验的开放性积累，又可以帮助学生养成揣摩和分析他人语言并因此缜密地使用语言的习惯，对提高语感能力作用很大。

3. 辨析推敲语言与联系生活经验感受语言结合。这是训练语感、提高学生语感能力的关键。语文教学必须重视培养学生辨词析句的能力，应指导学生认真分析、比较词句，仔细理解词语的选择和搭配关系，掌握各种句式的基本特征，准确领会言语的意义。

感受言语离不开生活情境，培养语感，应该结合情景、联系生活经验理解语言、运用语言。例如，我国著名学者叶圣陶先生说："要求语感敏锐，不能单从语言、文字上去揣摩，而要把生活经验联系到语言、文字上去。"我国著名学者茅盾认为，领会文章和作品，应当一边读一边回想他所经历的相似的人生，或者一边读一边到现实的生活中去看。学生理解语言，要引导他们把对词句的理性辨析同对生活的观察、体验结合起来，让他们调动自己的生活经验，开展想象和联想，呈现有关的表象，从而深切地感受到作者运用的语言文字表现了什么样的事物或形象，其中蕴含了什么样的感情；学生运用语言，要指导他们把构思行文与所要表达的事物联系起来，呈现"内心视像"，从而准确地遣词用语。

4. 理性思索与诵读、揣摩结合。这是训练语感，提高学生语感能力的基本方法。语文教学要培养学生的语感能力,应该有计划地进行形式多样的练习。例如,修改病句、解词造句、关联词语填空、口头(书面)答问、争辩讨论、评析课文、单项作文等。这种练习能促进学生积极思维,更好地掌握和运用理法知识,扎扎实实地打好语文的基本功。这对发展语感能力有不可忽视的作用。诵读、揣摩便是直觉感受言语的基本方式。

因此,培养语感还需多采用诵读、揣摩的方法,在诵读、揣摩的基础上进行理性思索,把理性思索与直觉感受紧密地结合起来。

第二节 语文课堂教学目标优化

一、语文课堂教学目标的优化体系

(一)认知目标

语文教学的终极目标是对人的精神的关怀,即熏陶其人文精神和创新精神,而精神层面目标的实现依赖于技术层面目标的完成,而最终依赖于人类知识。"知识的广度能促进学生的发展,同时也能促进知识和技巧的巩固性。"但语文知识包罗万象,难以把握,因此必须优化学生认知目标,既能为学生"减负",又能达到"立人"的目的。

经过不断地发展和改善,语文课程知识有了一个系统,主要包括文字(含语音)、语汇、句子、篇章、语法、修辞、逻辑、文学等方面。需要提出的是,随着时代新发展及"大语文"理念的顺势提出,语文教学的内容范围应放大到包含文学或以文学为主的整个人类的一切优秀的"文化"。可以肯定的是,随着网络时代的发展,语文课的知识系统还会发生新的变化,如汉字处理技术,亦可能走进未来的语文课堂,而传统语文教学中一些作为重点学习的知识,如语法,亦可能淡化。所以,优化学生的认知目标就十分迫切了,而优化学生认知目标应坚持以下四大基本原则：

1. 人文性原则

这既是时代发展大趋势的必然结果，又是教育"立人"的自然要求。语文学科应首先高举"弘扬人文精神"的大旗。学生人文精神的形成，直至完美人格的形成，并非孤立的、空洞的说教可以达到，而是贯穿于整个知识教育过程之中的感染熏陶、潜移默化。为此，教师在传授知识时，必须将知识融进文化大背景中，增加知识的文化厚重感。

例如，学习文言文字词，就不妨有计划地涉猎文字学知识，尤其是汉字的演变。汉字被誉为中国的"第五大发明"，是中国对人类文明的一大贡献。历史上中国文字统一，奠定了中华民族统一的基础，并成为联结海内外中华儿女的精神纽带和文化之根，对中国几千年来无间断的延续起到了决定性的作用。中国的汉字史也是一部文化史，一个汉字往往包含着古代的天文、地理、祭祀、习俗等，也涉及许多典故、逸事。学一点文字知识，不仅有利于学生举一反三地学习文言文，而且能够激活、感染学生，积淀其比较丰厚的文化底蕴，培养其对传统文化的热爱和民族自豪感。

2. 前瞻性原则

信息时代的最大特征就是瞬息万变，知识更新快捷。新时代的语文显然不能抱着以不变应万变的思想。优化学生认知目标必须考虑语文知识的前瞻性，语文知识的优化应与现代科学理论的前沿结合起来。例如，现代语言学、现代阅读学、现代写作学等理论就应在语文课堂中体现出来。时代变化了，语言发展了，语文只有始终保持敏锐的触觉才有"立人"的希望，也才有其存在的价值。前瞻性的语文知识往往源于具有前瞻性眼力和思维的语文教师；而教材作为语文知识的载体，在一定时期内必然是固定的，但在编写教材时应考虑教师、学生可能拓展的空间。

3. 实用性原则

语文知识优化的最终效果体现在"实用"上。或有助于学生学习、生存、工作，或有助于学生"提高道德修养、审美情趣、思维品质和文化品位，发展健康个性，形成健全人格"。为此，应当引导学生把所学的语文知识转化为技能，"正确的知识必须和技能，即运用知识的技巧结合起来"。

4.适宜性原则

认知目标的优化还要讲求适宜性，我们优化的服务对象是广大职业院校生，倘若只从我们的视角看而不顾广大职业院校生实际，那我们的优化最终达不到目的。适宜性最主要体现在两方面：精要和易懂。语文知识教学的主要矛盾是语文知识的丰富性与学生的实际接受能力之间的矛盾。语文知识不但项目多，而且各项自成体系，内容复杂而艰深。但学生学习时间和接受能力都极为有限。因此，我们只有优化认知目标，筛选、精简出各项知识中最紧要的、最实用的点子，把最精粹的知识传授给学生，而没有必要要求学生尽窥语文知识体系之奥妙。优化认知目标是"减负提质"，而不是增加知识难度。优化后的目标体系应是通俗且紧扣实际的，绝不能留下一些抽象的概念、晦涩的术语。优化后的目标体系应突出运用，应能很好地指导学生的听说读写的言语活动。学生对目标体系里的知识既能正确表述，又能正确运用，才是"好懂"的标志。

（二）情感目标

语文学科与其他学科明显不同的就是语文的情感性。人学习、掌握母语的过程就是人成为人的过程。人人化、社会化的过程就是人追求自我完善（包括人的尊严、价值、个性、理想、信念、品德、情操等方面）的过程。这一过程体现在情感的自我完善上。为此，人文精神层面目标的实现应依赖于具体的情感的培养，甚至创新精神的培养也依赖于这一点。"情商"这一概念的提出就足以说明情感与智力、创新能力的密切关系。语文教学，应该优化以爱为核心的求真、求善、求美的情感，具体而言，应包括审美情感、理智感、道德感、爱国主义情感等方面。

1.审美情感

审美情感，即美感，人对美的体验。它是根据美的需要，按照个人所掌握的审美标准，对客观事物进行评价时所产生的情感。不仅物质美使人有美的体验，行为美、语言美、心灵美，也会使人产生美的体验。美能在人的心灵上唤起无私的、真诚的、快活的、自由的情感。美没有对功利的直接的期望，它对于人是精神意义上的，使人精神愉悦、充实，使人性得到磨炼而变得美好。

法国文学家卢梭在《爱弥儿》中说："有了审美能力，一个人的心灵就能在不知不觉中接受各种美的观念，并且最后接受同美的观念相联系的道德观念。"从某种意义上说，美育甚至是教育之基本。但是，美的鉴赏力不是人天生的能力，它是由美的环境、美育培养成的，语文教学就是美育的最好阵地。引导学生去感受美、理解美、发现美、创造美，这是语文教师责无旁贷的任务。美的培养，是爱的培养，"对于自然美的真实的爱护心，是对学生美的教育上的重点"。

2. 理智感

理智感，从心理学角度讲，即人在认识过程中所产生的情感。这是一种对自身情感施加某种自我约束的情感，这种情感遵循、服从一定的原则和逻辑规范。理智感的表现形式有好奇感、求知感、怀疑感、自信感及对真理的热爱、对偏见和谬误的鄙视和憎恨等，属于高级情感。

语文教学是培养情感的，但不能滥情、煽情。语文教学应培养健康的、有涵养的、雅致的情感。培养学生的理智感便是为学生建筑一道情感"防火墙"，以免其走情感极端。学生群体最易接受新事物，但他们又缺乏分辨好坏的能力，这一矛盾必须解决。教育解决这一矛盾的办法固然很多，但根本的还是培养学生的理智感。只有理性才能教导我们认识善与恶。理智感是一个人走向成熟的标志，也是人类走向成熟的标志。有了理智感，学生才能真正做到"学会认知、学会做事、学会共同生活、学会生存"。理智感也是学生创新的情感基础。创新不是不可捉摸的，而是借助理智感可以把握的，甚至更多的是依靠理智感获取的。理智感是从认知过程中产生和发展起来的，又反过来推动认知过程进一步深入，成为认识世界和改造世界的动力。

3. 道德感

道德感是伴随道德认识而出现的一种内心体验，即人们的道德需要是否得到实现或满足时所产生的内心体验。道德感和道德信念、道德判断紧密相关。人们在运用一定的道德判断去衡量或评价自己的道德行为时，必然产生种种情绪体验。培养学生积极的、稳定的情感体验，进而形成学生正确的道德判断、坚定的道德信念是极为必要的。

道德感往往是许多情感的综合表现，自尊感、荣誉感、事业感、人道主义情感等，从内容上看都属于道德感，为此，培养学生的道德感就是一个长期的艰巨的任务。培养过程中应做好以下几方面：

（1）给学生做思想上的正确引导：思想上要引导学生明辨善恶是非，破除自私自利，尤其重要的是要教会学生爱护他人及自然。"心地善良的人首要的一点就是爱人。"法国文学家卢梭在《爱弥儿》中谈到了爱人的一条基本原则："在道德教育方面，只有一条，既适合于孩子，而且对各种年龄的人来说都最为重要，那就是绝不损害别人"。另外，道德教育还需培养学生的正确的羞耻心。

（2）培养良好的习惯：良好习惯是坚定的道德信念形成的基础。"习惯一旦培养成功之后，便用不着借助记忆，很容易、很自然地就能发生作用了。"

（3）把知、情、意、行的教育统一起来，其中行动尤为重要："真正的教育不在于口训而在于实行"。

（4）民主、平等是培养学生道德感的重要原则：有效的尊重、信任、同情都只能产生于领会了这一原则的教师的心底。

4. 爱国主义情感

爱国主义就是千百年来巩固起来的对自己的祖国的一种最深厚的感情。一个人对家乡、祖国语言、民族传统的眷恋以及他对与自己的一生密切相关的祖国命运的关怀是很自然的。但是，这并不等于不用引导、不用教育。语文教师要为其拨开云雾，况且，进行爱国主义教育也能促进其他方面的教育。

例如，苏联教育学家瓦西里·亚力山德罗维奇·苏霍姆林斯基在《给儿子的信》中这样写道："热爱祖国，这是一种最纯洁、最敏锐、最高尚、最强烈、最温柔、最无情、最温存、最严酷的感情。一个真正热爱祖国的人，在各个方面都是一个真正的人……"为此，从某种意义上讲，爱国主义情感是语文教学情感目标的终极和归宿。所以，语文情感目标最终还是落实在"美"上，这种"美"的最高理想就是培养精神完美、道德纯洁、体魄健全和谐地结合于一身的全面发展的人。

（三）语文技能目标

语文技能目标应包括听、说、读、写、思五大方面，最终上升为创新技能。这种上升不是自然而然的，创新技能的培养只有融合在听、说、读、写、思的实践过程中才能很好完成。听、说、读、写、思的实践过程亦不是孤立的，必须与相关知识紧密结合才能完成。要达到会听、会说、会读、会写、会思，进而会创新，就必须完成好两大积淀：一是丰富的语汇；二是丰富的素材。

1. 关于听、说、读、写、思的技能目标

尽管听、说、读、写、思是相对独立的，但终因其都以言语为中介而有共同的技能目标，即以培养语感为中心的技能目标。语感是"思维并不直接参与作用而由无意识替代的在感觉层面进行言语活动的能力"。语感是人把握言语的主要方式。"人不仅在思维中，而且以全部感觉在对象世界中肯定自己。"思维和感觉是相互对峙而又相互关联的。就言语而言，其思维必以感觉为前提，只有先被感觉然后才能被思考。所以，在日常的听、说、读、写、思活动中，总是以"感"为主，以"思"为辅。

2. 关于思的技能目标

思的技能训练是与言语活动的实践密不可分的，割裂二者，则二者皆不可发展。思的技能训练包括观察力、记忆力、想象力、思维力等的训练。

（1）观察力：这里所指的观察力，不同于一般的参观、看一看等消极的注视，而是与人的积极的思维活动密切联系着的。概括地说，观察不仅要通过看一看、听一听、摸一摸等多种感觉活动，而且要调动大脑对感觉的对象进行综合性知觉。"观"，在此基础上，进而发现问题以疑引思。"察"，包括生疑、质疑，最后达到释疑。也就是说，知觉与积极的思维结合，才能构成一定的观察活动。观察力是怎样发展起来的呢？广博的基础知识，是发展观察力的重要基石；做生活的有心人，充分地感受生活，进而驾驭生活是发展观察力的关键。提高观察效果，还需有正确的思考方法、坚强的意志、严谨的科学态度，要消除偏见，注意捕捉"细小"新现象；提高观察效果，也需养成良好的习惯，做好"三常"（常预见、常联想、常变思路）。

（2）记忆力：记忆是智慧的仓库，没有积累丰富的语言材料，便不可能有生动的言语智慧。优化语文教学目标，重视记诵在言语学习中的重要地位，这是由文字语言本身的属性所决定的。就语文学科而言，我们要着重发展学生的形象记忆、情绪记忆能力，这也是由文字语言本身的属性所决定的。

（3）想象力：爱因斯坦说过："想象力比知识更重要，因为知识是有限的，而想象力概括着世界的一切，推动着进步，并且是知识的源泉，严格地说，想象力是科学研究中的实在因素。"培养学生的想象力，方法的指导固然重要，但真正关键的是培养学生自由、独立的个性与精神，而这种个性与精神必源于教师的民主、平等的教育理念。有了宽松的民主氛围，想象力才会得"天时""地利"，蓬勃发展起来。

（4）思维力：语文学科具有发展思维能力的优越条件，因为思维和语言是不可分割的。俄国教育家乌申斯基强调指出："语言并不是什么脱离思想的东西，相反的，语言乃是思想的有机的创造，它扎根于思想之中，并且从思想不断地发展起来；所以，谁要想发展学生的语言，首先要发展他的思维能力。离开了思想单独地发展语言是不可能的；在发展思维以前先发展语言甚至是有害的。"思维力的培养应着重训练分析、综合、抽象、概括、比较、归纳、演绎等能力。思维力的训练是长期的、持久的，不可能凭借几节课就能使学生掌握。

3.关于创新技能目标

创新技能的培养是一切语文技能培养的最终归宿,也是一切语文技能训练必须伴随的同步训练。这也是优化思想的真正体现。创新技能的培养主要应让学生掌握和运用创新技法。这些技法包括组合、移植、逆反、迂回、换元、分离、强化、群体等。

(1)组合技法:人们只要把两种或两种以上的软件或硬件适当地组合在一起就可以创造出新的事物。橡皮与铅笔组合在一起就创造出方便的橡皮铅笔,诗和小说组合在一起就创造出新的文体——诗体小说。

(2)移植技法:人们只要把已知的概念、原理或方法直接或稍加改造后移植到其他领域就可实现创新。毕加索是立体主义绘画大师,他的画价值连城,正是他移植了中国古代绘画艺术的写意精神;庞德是西方意象派诗歌的代表人物,也是他移植了中国古典诗歌"立象以尽意"的表现法。

(3)逆反技法:当从一个方向久攻不克时,从另一个方向就可能发现"伊甸园"。春秋战国诸子思想便是彼此否定而各立宏论的,儒倡入世、道讲出世、儒立仁、韩正法,大凡如此。

(4)迂回技法:当从一个主攻方向不能得手时,就可以从其他路径进攻。"明修栈道,暗度陈仓"便是军事上运用这一原理的范例。

(5)换元技法:人们可以通过替换的方法解决问题或产生新事物。神经学专家为了研究人的神经而用白鼠做试验,将复杂问题简单化,这便是换元原理的运用。

(6)分离技法:人们可以通过对已知事物进行分解、离散而产生新的事物,与组合技法相反。

(7)强化技法:人们可以通过对现有事物在结构、尺寸及功能上进行浓缩或增放而产生新事物,就像将昔日的薄底靴强化为厚底则成为流行的时装鞋。

(8)群体技法:人们可以发挥集体思维的作用,在集体中,人的智力会产生一系列效应，思想与思想的碰撞最易激发创新的火花。讨论式教学便是这一原理的运用。

在教学过程中，教师要自始至终引导学生利用这八大技法思考问题，只有如此，学生才能形成创新能力。当然，单是创新技能的训练是达不到优化的预期效果的，教师应力图营造一种自由、平等、民主的崇尚创新的课堂教学氛围。

二、目标优化的有效模式

（一）目标教学是语文课堂教学目标优化的创造

数十年的语文教改探索积淀了丰厚的教学理论和经验，但是终因语文学科驳杂的特点，教、学、考、评等几个环节缺乏明确、统一、科学的目标，语文教学一直徘徊在原地，难以走出低谷。连去哪里尚且不清楚，何谈语文教改呢？无的放矢只能是盲目之举。在某种意义上来说，科学地制定语文学习、教学、考评、检测等环节目标，是语文教改的关键一步，如果语文学科有了明确、科学的目标系统，教师为实现一个个特定的教学目标而教，学生为达到一个个特定的学习目标而学，同样也按目标考评、检测，那么，语文教学就可能一反低迷状态而生机勃发，登上一个新的平台。目标教学模式正是在这样的背景下使用的，它是信息论、控制论、系统论这三论在语文教学中的具体运用。优化语文课堂教学目标的工作应具体落实在目标教学上。

目标教学的优势显而易见。①有利于激活学生学习动机和兴趣。在目标教学的各个环节中，学生可从达标检测中及时获得信息反馈，能及时把握自己现有水平和进展方向。目标实现易激起学生的成就感、满足感，反之，学生也能迅速矫正、弥补。②有利于克服教、学、考、评等各个环节的盲目性、随意性、波动性。一切教学活动始终围绕目标进行，容易做到有章可循、对症下药。③有利于面向全体学生实施分层、异步等因材施教的教学。在这一点上，传统教学很难做到。由此不难看出，目标教学确实是语文课堂教学目标优化的一种创造。当然，实施目标教学也不是一件容易的事，技术层面的目标容易系统化地制定、落实，但精神层面的目标却很难以系统化和数量指标化来实现。

（二）语文课堂目标教学的基本环节及其优化

语文课堂目标的基本环节包括示标、释标、练标、测标等几部分。

1. 示标

这是课堂的第一阶段。教师向学生出示课堂目标，确定该课堂所要完成的教学任务。示标阶段需注意两点。①目标应面向全体学生，分层定位，异步达标。因为目标教学的最终目的是让全体学生达标，夺取大面积丰收。②目标应尽可能由师生共同制定。目标有了充分的透明度，学生知道自己对所学的知识要达到哪个水平层次，心中有数，才能有的放矢。这样做既易激活学生，又能体现学生主体性作用。

2. 释标

这是课堂的第二阶段。师生共同讨论、研究、阐释所制定的教学目标。在这一阶段，学生在教师的引导下分析目标所包含的要素及内蕴，并确定达标所需要的途径和方法，为进一步学习做好知识和方法上的准备。释标阶段要注意两点：①要广泛联系已有的知识，把握好各类学生的"最近发展区"；②要精心设计启发方案，以求达到训练的最佳效果。

3. 练标

这是课堂的第三阶段，也是关键阶段。教师应精心设计达标的训练方案和引导措施，激励学生自觉投入训练以期达标。这一过程中须注意四点：①训练指导要面向全体学生，不能只盯着几个尖子而让大多数学生处于视觉"盲点"上。②训练的质量要高，数量要精。质与量的最佳结合便是教学优化的必要条件。③要及时反馈，及时矫正。要及时避免学生在训练中失误的积累。失误积累过多，易使学生丧失信心，滋生厌学情绪。这是目标教学尤其要避免的问题。④教师要善于营造一种严肃紧张而又活泼向上的教学氛围。教师尊重、爱护学生，学生尊敬、信赖教师，师生之间和同学之间形成一股教学合力，其效果必然最佳。

4. 测标

这是课堂的第四阶段。通过训练、反馈、矫正，学生达标情况尚需检测。测标阶段需注意两点：①检测方式应具有优化性、创新性，既精要，又实在；②仍需重视学生测验信息的及时再反馈，及时再矫正。

除这四个阶段外，目标教学的课堂应还有两个附加成分：①开课时的激活性导语；②结课时的强化标的结语。虽是附加，但作用不可忽视。目标教学的整个过程中，始终要以现代教学理念为指南，只有有了正确的学生主体观、质量评价观、和谐教学观等新观念，目标教学才能走出一条新路。

第三节 语文课堂学习环境优化

一、语文课堂教学优化环境的营造

语文课堂教学优化环境的营造应该是一个牵涉面广的系统工程，它涉及包括经费在内的一系列问题。这里主要分析充分发挥语文教师的主导作用，尽可能科学、高效地调用课堂环境诸要素，使之优化组合，形成极富民主性、暗示性和认知性的学习环境。

（一）民主性环境的营造

教学民主是教学中的一种教风和学风，表现为师生在教学活动中相互尊重、相互信任、相互配合、相互促进，以同志伙伴式的关系共同完成教学任务。民主性教学环境是相对于专制性或强制性教学环境而言的。营造这种宽松的环境，目的是让学生在一种"心理自由"与"心理安全"的状态下发挥学习的主观能动作用，从而取得良好的学习效果。

营造民主性的课堂教学环境是优化课堂教学过程的必然要求，因为语文学习是一种创造性的复杂智能活动，这种活动要求学生思想解放和富有强烈的探索精神。而这在很大程度上需要环境的保护、支持。特别是青少年学生，创新精神和创造才能尚处于萌芽状态，更需要"心理自由"和"心理安全"的民主性环境来培育。

教学过程较一般的认识过程具有特殊性，它包含着学生、教师两个认识主体和主要由双方组成的认识客体。其中，师生都具有主观能动性，他们互为认识的主体和客体。教学过程不仅要解决师生对教材、教学环境和教学方法的认识问题，还必须解决师生互为认识主体又互为认识客体的相互认识问题。在这样一种相互作用、相互制约的教学过程中，如果没有"在真理面前人人平等"的民主的氛围和机制，师生就不可能真正做到相互促进和相互作用。否则，只能是师对生的传授式教学。这样，学生学习的探索精神和主体能动性被压抑、扼杀了，他们的创造性也就被教师的主观意志代替了。显然，这种环境根本不可能有语文教学过程的优化。民主性课堂学习环境的营造通常可以采取以下策略：

1. 实行学生"自治"性的教学管理

学生"自治"即让学生在学习中自我管理、自我调控。学生"自治"是教育民主思想在教学管理中的具体体现，其关键是要给予学生学习的自主权。具体地说，教师应尊重学生的个性和习惯，给学生留有学习"自治"的时间，允许他们按照自己的意愿和方法，去做自己想做的事，允许他们运用自己的方式方法获得同样的学习效果。同时，教师要让学生参与教学管理，师生共同制订教学计划、共同遵守有关要求、共同监督计划的执行、共同评价计划的完成情况。教师的主导作用主要体现在指导学生"自治"管理，帮助学生形成、提高自我管理能力和自学能力。

例如，语文教育改革家、著名特级教师魏书生为了培养学生的语文自学能力，十分重视学生的自立、自治。他认为，语文教学改革的主要凭借"一靠民主，二靠科学"。民主解决学生学习的积极性、主动性的问题，解决教师为学生服务、同学生齐心协力搞教改的问题;科学解决语文知识结构科学化、语文能力结构科学化的问题,解决学生科学的学法和教师科学的教法的问题。在"民主""科学"思想的指导下,魏书生把对学生能力的培养看成是一个科学管理的过程。他建立了让学生自主、自治的系统的管理制度,这些制度有效地培养了学生学习语文的自觉性和创造性,极大地提高了语文教学的水平和质量。

2. 实行参与式教学

参与式教学是与依赖式教学相对的一种教学类型。它强调师生间的相互作用,鼓励学生根据自己的特点参与教学目标的制定,采用自己认为最好的方式,去圆满地达到自己所制定的个人学习目标。这种教学的特点是"多维性",即多种目标,多种结果。实行参与式教学,可以让学生切实享受民主的权利,通过自我来充分调动学习的能动性,是优化语文课堂教学的重要途径。语文教学实行参与式教学,主要应考虑以下几点:

(1)给学生多提供自由选择的学习机会。例如,一篇课文或一个单元的教学目标可以确定为基本目标和较高目标,由学生选择所要达到的目标;作业可以分为基本部分和非基本部分,让学生自由选择完成;作文配套命多个题或填空形式的题,让学生选做;可以开设选修课,允许学生选学等。

(2)给学生课堂学习的自主权。这里的关键在于改变课堂上教师"一统天下"的专制作风,代之以师生共商教学的民主作风。例如,魏书生高扬"民主、科学"的旗子,在教学中随时与学生"商量",不仅教学设想和教学计划与学生商量,每次上课的教学目的、教学内容和教学方法也与学生商量,甚至公开课上学什么、学多少、学到什么程度,仍然与学生商量。魏老师的这种教风,给了学生充分的自主权,让师生真正处于平等地位,从而将教师的意愿化为了学生自己的意愿,给课堂带来了活力和生机。在这种环境中,学生以主人翁的高度责任感自觉学习探索,学习潜力得以充分发挥。

(3)开展"自治"性的学习活动。例如,让学生命考题,评试卷,互改作业、作文；让学生设计讨论题，主持讨论；让学生上台讲课，当小老师做个别辅导等。

3. 实施"开放性"的教学。"开放性"的教学是相对传统的封闭式教学而言的。这种教学的特点是师生共同交流和切磋讨论，让学生思想开放、心灵自由。实施"开放性"教学，必须做到以下两点：①采用多种让学生参与教学的方式：例如，课堂上，以自学、讨论、书面练习、质疑释疑以及开展演讲、辩论、演课本剧等活动，让学生自由地发挥自身的语文学习个性。②坚持平等自由地探讨问题。"开放性"的教学应坚持师生平等、教学相长的原则；同时，还应创造一种畅所欲言的课堂氛围，即使学生认识上有错误，教师也只能疏导，诚恳地将他们引到正确的方面来，切忌采用简单、生硬的方式压制。

（二）暗示性环境的营造

暗示是在无对抗态度条件下用含蓄的、间接的方法对人的心理和行为产生影响。暗示性学习环境着眼于学生的心理、生理潜力的开发，激发学生的学习动机和求知欲，激活学生的无意识活动和情感活动，主要是指利用能刺激情绪和给人以外围知觉的教学手段，创造出适宜的学习环境，激发学生学习的心理动因和良好的学习体验，激活学生的无意识活动和情感活动，让它们与有意识活动和理智活动协调配合，从而充分发挥大脑的整体功能，达到最佳的学习效果。

暗示性环境的营造重在形成一种轻松愉快、自由和谐的教师乐教、学生乐学的氛围，形成一种与言语学习内容认知相适宜的场景。教师亲切的态度、饱满的情绪、生动的表情、节奏分明的语调及与课题学习谐调的空间、通风、采光、色彩、媒体等，都是构成暗示性环境的因素，都能直接诉诸学生的直觉和感情，打动他们的内心，引起他们无意识的、模糊的知觉活动，充分发挥出大脑活动的认识机能。暗示性课堂学习环境的营造可以采用以下几个策略：

1. 创造适合有效发挥暗示的协调气氛

暗示是针对无意识的，暗示环境的作用就是激活无意识，使它与有意识协同活动。暗示学的创始人、保加利亚教育家洛扎诺夫认为，感情和想象是无意识心理倾向的重要构成部分。这也就是说，要发挥环境的暗示作用，首先要发挥教师感情的投影作用和调控作用，以教师积极的情感去激发学生的情感世界，创造出适合有效发挥暗示作用的协调气氛。

情感具有感染性，在课堂教学环境中，教师的教学情感可以感染学生，使之产生同样的情感。一般来说，学生课堂的情感体验与教师的教学情感同质，教师的情感性质影响着学生的情感世界。教师积极的情感、欢快的情绪，能使学生精神振奋、智力活跃，容易形成新的联系；相反，消极的情绪则抑制学生的智力活动。学生高高兴兴地学，与愁眉苦脸地学，效果截然不同。教师的作用，就在于调动各种因素，使学生始终在愉快而不紧张的气氛中学习；与此同时，努力促进班级中师生间、生生间和谐的人际关系的建立，并注意调控学生的情感状态，使班级的情感状态与课堂教学内容的情感因素有机融合。这样，学生便可始终处于乐学的情绪状态之中，从而积极主动地学习，确保教学环境的暗示性作用的实现。

2. 创设教学情境

保加利亚医学博士乔治·洛托诺夫指出，即使最强烈的观念，除非和个人的无意识心理倾向结合，和他的态度动机结合，并且和他个人的情绪、智能、意志及需要等特性谐调，否则是不可能产生暗示的效果的。这表明了发挥环境的暗示作用，必须从态度、动机等心理因素着手。而巧妙创设教学情景，是激活学生的心理动因的基本途径。

教学情境指教师依据完成课时教学任务的需要，调用各种教学手段，设置引导学生进入课题的教学情景。教学的全部信息总是在一定的课堂教学情境中进行传递的，而良好的课堂教学情境有助于激发学习兴趣而利于信息的有效传递。创设教学情境，可以使语文教学内容具有浓厚的趣味性和实用性，这样既可以排除学生因高容量而产生的困难感，又能激发学生掌握教材的动机，引起学生接受信息的兴趣，激活他们的无意识心理，调动他们的认知潜能，从而高速掌握和消化所教的学科知识。

创设情境的手段很多，如在上课时伴以音乐、在游戏活动中传授知识等。特别是随着多媒体和网络技术在教育教学中的运用，创设教学情境的基本手段有了很大的改变。借助多媒体和网络技术，运用更为直观可感、具体可闻的影像、图片等资料以实现"生活显示情境、实物演示情境、音乐渲染情境、图画再现情境、语言描述情境"等情境的创设。与传统的情境创设相比，多媒体网络技术的情境创设具有更直观生动、信息量更大、吸引力更强等特点。随着课程改革的推进和新的课型的出现，教学情境的创设必将有更多更新的手段，但无论运用什么样的手段来完成，都必须注意：①与课时内容吻合；②贴近学生生活实际；③适度而不喧宾夺主；④符合学生身心发展的水平与特点；⑤情境富于变化。

3. 打造课堂艺术

兴趣是感情的体现，能促使和保持动机的产生。课堂学习环境中的权威、情景、图示、音乐、节拍、声调等，都是重要的暗示手段，利用好这些情绪刺激源和外围知觉对象，就能有效地激发学生学习兴趣，开发课堂学习潜能。教师的教学权威不应是一本正经的居高临下，不应是冷若冰霜的拒人千里，不应是学科知识的唯我独尊，不应是简单打压、一味否定，而应是平等民主的作风、平易近人的品性、严谨精讲的精神、客观公正的态度、求真求实的学风、诙谐生动的幽默……这样的权威，才能赢得学生的尊敬和激发学生对语文学科的感情。

情景、图示、音乐、节拍、声调应是语文课堂重要的组成部分，借助这些有效的形式、色彩、节奏和韵律，直接诉诸学生的直觉和感情，可以打动学生的全身心，又通过全身心的参与而激活潜意识，特别是维持兴趣的较长的保持期。在教学过程中，适当利用电影、戏剧等艺术形式，把有关教学内容的基本原理和规则系统与音乐舞蹈、表演等联系起来，有助于激发学习潜能，获得心理上和教学上的效果。正如保加利亚医学博士乔治·洛托诺夫指出的："艺术手段不仅用来为课文基本材料的接受、记忆和理解，创造愉快的气氛，它们也必然会促进暗示的心理倾向——态度、动机和期待。"语文教师要善于利用这些外在的情绪刺激源来营造暗示性的学习环境。

（三）认知性学习环境的营造

1. 认知性课堂学习环境的特征

（1）知识信息富足："语文"学科的内容无论做何理解，其表现形式都是以语言文字为载体来传达信息的，所有环境的设置都必须围绕着传达信息这一中心。知识信息越丰富，越利于学生认知水平的提高，也直接关系到学习效率和效度。

（2）符合认知规律：课堂的知识容量的多少、程度的深浅、传输方式的变化要能体现学龄段的差异，要由一般到特殊、由简单到复杂、由低级到高级、由具体到抽象，要体现出由实践—认识—实践—再认识—再实践的两次飞跃。

（3）重视方法贵技能：课堂传授的不应只是零敲碎打的语言知识，而应是语文学科学习的理念和学习知识应掌握的基本方法，只有关于方法的知识，才是最可贵的知识。认知性学习环境的营造应着眼于学生心智的健康发展，坚持科学性与实用性相结合的原则；着眼于实现学科知识的高效传授，要坚持稳定性和渐进性相结合的原则；着眼于培养学生学会学习、终身学习，要坚持发展性和可持续性相结合的原则。

2. 认知性学习环境的营造策略

（1）提供富足的信息：根据信息的来源及内容的不同，课堂信息可分为学科知识信息、思想道德信息、心理情感信息和交叉学科信息四种。语文学科知识信息包含语音、语词、语法、修辞、逻辑、文学、文化、听说读写等方面的信息和汉语所特有的文言文信息等。思想道德信息包括中国传统的伦理信息、中国现代的道德信息、进步的思想信息和科学共产主义信息等。心理情感信息包括健全人格信息、健康心理信息、积极高雅的情感信息等。

语文学科的课堂学习还广泛牵涉到历史学、政治学、经济学等学科的知识信息，就是数、理、化等纯理科的学科知识也常出现于语文课堂和言语实际中。所以，丰富而科学的信息，是认知性课堂环境的基本内容，提供的信息越丰富，越利于学生心智的健康发展。为此，教师要做到以下几点：一要努力提高自己的学识修养，既要成为语文学科的专家，又要成为博闻强记的杂家；二要充分使用多媒体等现代教育技术补充语文教材信息量的不足；三要掌握先进的教学方法，做到举重若轻，化纷繁为简洁，以避免知识信息富足产生的枯燥感、零乱感；四要有意识地注意收集和整理最新的知识信息；五要注意课堂信息的丰富性和适度性；六要传授学习方法，揭示语文学习规律，将陈述性知识与程序性知识、策略性知识相结合。

（2）广开信息渠道：语文课堂信息量大并不意味着学生在课堂上获取的信息量就多，这当中牵涉到负载信息的语言载体和知识传输的形态等问题。优化了的课堂应充分调用最富含科技含量的教学手段来提高载体的信息容量，转换信息的传输形态。有关研究表明，单用口头语言（以老师讲授的形式）或单用书面语言（学生阅读的形式）来传播知识，学生实际获得的教学信息会大大减损，因而在课堂学习环境的创设中，就要在教学信息的传输方式上大做文章。除采用传统的讲授方式以作用于学生的听觉器官和传统的阅读方式以作用于学生的视觉器官以外，还应采用多媒体的音像载体，采用挂图、实物、幻灯、模型等实物载体同时作用于学生的听觉器官、视觉器官、触觉器官等，变单向机械的信息刺激为多向生动的刺激，实现课堂信息直观生动的"多向辐射"。

（3）调配课堂环境要素：大量研究表明，采用学生自己喜爱的学习方式组织教学，会使他们获得更好的成绩。在班级授课制的组织形式之下，这一点显然极难做到。但我们仍可通过调配课堂环境要素的方法尽量达到课堂学习环境的优化。主要可以从这几方面着手：①调控教室光线：一般认为，学生在光线充足的教室里学习效果最佳，但实际研究结果却表明，只有部分学生在光线充足时才学得最好，因而可以采用灯光调控、设置书橱、添置屏风等办法在教室中布置一些光线强弱不同的小区，并允许学生选择适合自己的位置。②保持课堂合适温差：

实际情况是不同年龄和性别的学生时课堂温度相求差异较大，因而教师要指导学生了解自己对温度条件的要求，保持教室不同区间的温度差，供学生自主选用。③设置适宜音乐：一般认为，学生在安静的课堂中学习效果最佳，但许多青少年学生学习中有音乐相伴，效果更好，因而根据课堂教学内容，利用课堂中的教学设施，提供适宜的音乐，有助于学生认知效果的提高。④课堂组织灵活：一般认为，实行集体授课效果最佳，但学生的个性差异，学习中对外在环境的依托程度悬殊，因而组织课堂教学时，应遵从设法让学生学得更好的原则让学生选择独立、成对、成组或与老师、同学一起进行学习的多种组织形式。⑤改变课堂环境：一般认为，在熟悉的环境里学生更容易集中精力、专心学习，但研究结果却是绝大多数学生对新鲜的学习环境更为感兴趣，更少分心，因而经常性地改换课堂布置，或尽可能多地改变上课地点，会对认知效果有好处。

（4）完善课堂管理：作为课堂学习软环境的重要组成部分，传统意义上的课堂管理都是由教师作为管理标准的执行者来实现，这既不能达到民主化的要求，又不利于课堂环境功能的发挥。课堂管理具有对学习行为的启动、导向、激励、反馈和调控功能，可以成为学生个体的行为准则，促使个体约束自己的行为，可以逐步形成班级的习惯，在长期的执行中形成班风和学风。班风和学风一旦成为班级的集体意识和共同的行为规范，必将对课堂学习的个体和全体产生积极的影响，成为"学生认知和评价自己行为的标准"，成为"维持、巩固、发展班级的支柱"。作为课堂学习软环境的课堂管理，一定要充分发扬民主，师生共同参与。课堂管理的制度、办法措施，都要民主决策，共同遵守，以形成班级共同的积极向上的学习态度，营造出良好的认知氛围，保证课堂教学的质量。

二、语文课堂优化环境的功能

课堂学习环境是指在课堂教学活动中，影响教师教和学生学的一切内外条件。课堂是一种特殊的社会环境，其构成要素众多。从内容构成看，可以分为物理环境、心理环境和信息环境。课堂学习环境也可分为"硬环境"和"软环境"两大类:"硬环境"主要由课堂的主要构成要素"人"(学生、教师)和课堂基本教学设施(包括电教设备如微机、电视机、投影仪、实物展示平台、广播、音响等和挂图、灯具、桌椅等)构成;"软环境"主要由风气(班风、学风)、学习气氛、师生关系、学习制度等要素构成。

课堂学习环境的优化是指教师依据教学目标的需要,选用恰当的行为策略调配环境各构成要素,调控对环境要素使用的过程,调适对环境要素的使用效果,以确保教学目标最好的实现。语文学科作为人文性和学习过程的互动性很强的学科,其教学任务的完成和教学目标的实现有赖于语文课堂学习环境的优化。简单来说,优化的语文课堂学习环境具有五大基本功能:陶冶功能、发动功能、认知功能、激活功能、创新功能等。

1. 陶冶功能

陶冶功能指语文课堂优化环境能陶冶学生的心理,有利于培养学生健康高尚的审美情操,形成他们良好的道德品质。语文课堂环境的陶冶功能主要是由优化环境作用于语文的人文性内涵而产生的。语文反映人类社会的事、理、情、态,表现民族精神、民族情操、民族审美情趣,负载着丰富多彩的文化。优化的语文课堂教学环境师生关系和谐、课堂气氛融洽、学习轻松愉悦,加之媒体教学设施运用的直观性、情境性的效应,可以让学生达到最佳的学习境界。进入这种境界,学生便可以在一种愉悦的接受心理状态下,自然地将自我精神世界与语文所表现的人类崇高的精神世界融为一体,实现情操的陶冶和道德的升华。即使是文字、词语和语法的学习内容,也会因为环境的优化而妙趣横生,培养起学生对中国语言、文字的深厚的感情,使学生受到思想感情的熏陶。

与此同时,在优化的语文课堂环境中,有师生互爱互助的情感美、有课堂气氛愉快而轻松的和谐美、有师生共同追求真理的理智美、有语文教学过程的艺术美等,这些都构成语文课堂的审美要素,可以满足学生的审美情感的需要,让他们在潜移默化中实现以美育德、以美养心的目标。

2. 发动功能

发动功能是指语文课堂的优化环境能激发学生语文学习的动机和兴趣等心理动因，使他们自觉参与语文教学过程，主动积极地进行学习活动。优化的语文课堂学习环境是一个开放性、师生互动的学习环境，学生学习的主体地位得到充分的尊重和发挥，学习的途径和方法呈现出多元化的态势，师生、生生的双方、多方活动体现得十分充分，现代教学手段运用十分普及。这种民主、平等和自主的氛围和机制，可以让学生充分体验到在语文课堂学习中的主体地位，从而增强学生的主人翁责任感和自觉性，把学习作为自身的内在需要，产生强烈的语文学习的动机和兴趣。

在优化的语文课堂学习环境中，师生处于平等的地位，互相理解、信任、尊重，加之现代教育技术将语文学习内容的生动性、形象性的优势充分发挥，创设出动人的教学情境，也能激发学生语文学习的心理动因。

3. 认知功能

认知功能是指语文课堂优化环境能促进学生在语文学习中的认知活动，帮助他们顺利地掌握语文知识、形成语文能力。优化的语文课堂学习环境能呈现与语文学习内容相宜的情境，让学生在生动活泼的言语情境中接收和输出知识信息，这有利于学生在课堂上不断地感受、识别、筛选、储存知识信息，并根据已有的认知结构进行分析、综合，形成头脑中新的认知结构。同时，优化的语文课堂学习环境，通常呈现着问题情境，这些问题情境有助于启发和调动学生思维的积极性；可以让学生充分发挥自己认识的能动性，并在师生互动、生生互动的多向互动中，提高自己分析问题、解决问题的能力，从而切实掌握语文知识、形成语文能力，实现语文学习的优化。

4. 激活功能

激活功能是指语文课堂优化环境能激活学生的潜意识，参与语文学习认识活动,使他们的内在潜能充分释放出来,进行高效的学习。潜意识相对于显意识而言,又称无意识,心理学上指潜伏在意识之下的不知不觉、没有意识的心理活动,它是人的一种潜在的能量。当代科学和心理学大量的研究表明,人脑的潜能巨大,一般没有得到开发,有70%~90%甚至更多的处于"库存""封冻"的状态。从某种意义上说,教学的优化就是对人脑的开发,让学生的潜能得到释放,配合显意识积极进行学习认识活动,从而取得最佳的学习效果。潜意识的激活需要有轻松、愉快的学习环境,而优化的语文课堂学习环境确立了学生的主体地位,营造了民主的教学氛围,可以让学生在轻松、愉快的环境中使潜意识活跃起来,释放出巨大的学习潜能。

5. 创新功能

创新功能是指语文课堂优化环境有助于学生积极探索,充分发挥自己思维的独立性、批判性和创造性,促进他们语文创新能力的形成。创造性学习需要相宜的学习环境来推动、激励。现代心理学认为,创造性学习的动力主要有三点:一是激情的推动;二是强烈求知欲的驱使;三是不断进取的鞭策。优化的语文课堂学习环境充满民主平等的学习气氛、畅所欲言的自由空气、竞争而又合作的学习关系,这种学习环境能激发并维持学生的学习热情,驱使、鞭策学生不断进取、求异创新。

第五章 高职语文和谐课堂的创设

第一节 和谐课堂教学的创设之理论基础

一、哲学基础

课堂教学是一个系统,它由若干教学要素构成,如教师、学生、教学内容、教学方法、教学手段等,这些教学要素又是相互联系的,它们之间既存在着和谐的一面,又存在着不和谐的一面,和谐与不和谐这种对立统一的矛盾贯穿于整个课堂教学中,推动教学过程的不断发展。否定之否定规律告诉我们,事物是肯定方面和否定方面的统一,否定是对旧事物的质的根本否定,但不是对旧事物的简单抛弃,而是变革和继承相统一的扬弃。因此,课堂教学中某些不和谐的音符(如教师与学生之间、学生与学生之间思维的不一致)是对学生有利的,它们是学生创造性思维发展的源泉,我们要充分利用这一部分"不和谐";而有些不和谐是不利于课堂教学和学生发展的,我们要创设一定的条件使这部分不利的不和谐向和谐转化。和谐是有层次的,往往经历着从"不和谐"到"和谐",再到"不和谐"再到"更高层次的和谐"这种周期性的螺旋式发展过程,体现了矛盾运动的规律。和谐课堂教学也同样经过"和谐"到"不和谐"到"更高层次的和谐"的周期性的螺旋式发展过程,这一次次蜕变和发展使得师生关系更加融洽,课堂教学更具活力与创造力。和谐课堂教学强调内外部教学因素的统一发展,外因是事物发展的重要条件，内因是事物发展的根本原因，我们应创造和谐的课堂教学环境促进学生的和谐发展，但更应该注重学生的主体性、自主性和主动性，强调学生将教育影响不断内化为自己的思想、能力和素质。另外，课堂教学是由若干相互联系的教学要素组成的有机整体，但整体不是部分的简单相加，整体是各个部分有机的结合，当各部分以有序、合理、优化的结构形成整体时，整体功能大于各部分功能之和。因此，我们要合理地协调各种教学要素，使其达到融合与统一，整个教学过程处于一种动态的多样化的平衡状态，课堂教学达到最优化，发挥其整体功能，产生最佳的教学效果。

二、心理学基础

和谐课堂教学的构建与心理科学（包括普通心理学、发展心理学、教育心理学、社会心理学等）密切联系。只有以心理学为重要的理论基础，和谐课堂教学的构建才会有扎实的基础。在课堂教学中，教师和学生的心理研究是构建和谐课堂教学的重要基础。要研究教师"教"的和谐，教师的思维特点、个性倾向、能力品质等都离不开心理学。要研究学生"学"的和谐，学生的身心发展、认知结构、元认知水平、非智力因素等也离不开心理学。心理学知识告诉我们，动机是行为的内在动力，它决定着行为的发生和方向。如果机体的行为没有动机的驱使，这种机体就是被动的，不会主动习得，外界的强化也就不会对机体产生良好的刺激效果。美国心理学家布鲁纳指出，最好的学习动机是学生对所学知识本身的内部兴趣。因此，教师应注意教学内容、教学手段、学生的实际情况之间的和谐，根据教学内容以及学生的认知特点，选择多种多样适宜的教学手段，激发学生的学习兴趣，使学生保持良好的学习动机。另外，教师应针对每个人的不同情况来制定预期目标，遵循心理学中的"最近发展区"原理，要让学生跳一跳摘到桃子，从而激励其努力达到目标，并能够从成就感的满足中得到快乐，继续努力使这种快慰持续。此外，和谐课堂心理环境的构建更与心理学理论息息相关。课堂心理环境是指课堂教学中影响师生心理互动的环境,如班风学风、师生关系、同学关系、课堂气氛等。心理学研究表明,课堂心理环境不仅对课堂教学活动产生影响,也对学生认知、情感、行为产生影响,更对学生的身心健康发展有着明显的影响。课堂心理环境融洽还是冷漠、活跃还是沉闷,将对整个课堂教学产生积极或消极的影响。和谐、愉悦的课堂心理氛围有助于学生积极参与课堂活动,而紧张、冷漠的课堂心理气氛会大大抑制学生学习的热情。因此,我们要营造和谐的心理氛围,使学生与教师、学生与学生、师生与环境产生愉悦的"心理磁场",从而达到课堂教学效果的优化。

三、多元智能理论

多元智能理论是美国哈佛职业院校教授、著名心理学家霍华德·加德纳于1983年实施研究课题"零点项目"时,在其著作《心智的结构》中系统提出,并不断地完善的理论。该理论引起全世界教育家的关注,成为90年代以来许多西方国家教育改革的指导思想之一。多元智能理论倡导学生主动参与、探究发现、交流合作地学习,引起教育教学观念的变革,为实施个性化教学创造了条件,对当前我国的素质教育和基础教育课程改革具有现实的指导意义,也为和谐课堂教学的构建提供了理论依据。

加德纳把智能定义为:"一种处理信息的生理心理潜能,这种潜能会在某种文化情境下被激发,去解决问题或创造该文化所珍视的产品。"加德纳认为人的智能是多元的,大体可以分为9种:言语—语言智能、逻辑—数理智能、视觉—空间智能、音乐—节奏智能、身体—运动智能、人际交往智能、自我反省智能、自然观察智能、存在智能。多元智能理论强调智能的多元性、独特性与发展性,认为每个人都具备以上9种智能,只是某些智能的发达程度和组合的情况不同,使得每个人的智能各具特色,都有自己的智能强项和弱项。每个个体的这9种智能是可以培养和发展的,在适当的环境和教育的作用下,每个人都可以将其中几种智能发展到较高的水平。多元智能理论的实质就是培养学生的综合素质,与素质教育异曲同工。"德、智、体、美、劳"的全面发展是从教育目的和内容的角度向学生提出要求,而多元智能理论则展开了"智"的全面性,是属于个体素质的全面发展观。多元智能理论倡导的乐观的学生观(教师眼中没有差生)、对症下药(因材施教)的教学观、多元的评价观对和谐课堂教学的构建有很大的启示,为教师如何正确看待学生、引导学生及评价学生指明了方向。每个学生都有自己的智能强项,有自己的学习风格,学校不存在差生,人人都有成功的可能,教师应尊重学生的个性和差异,树立"教育的起点不在于学生有多么聪明,而在于在哪方面聪明,怎样使他变得聪明"的教学观念,使因材施教真正落实。课堂教学要倡导合作学习与独立思考和谐统一,不仅可以发展学生的人际交往智能和自我反省智能,还可以使学生之间的智能强项与智能弱项得到互补。教师应注意教学方法、教学手段、教学对象和教学内容之间的和谐,即根据教学内容及学生智能结构、学习兴趣和学习方式的不同特点,选择和创设多种多样适宜的、能够促进每个学生全面发展的教学方法和手段。课堂教学要为学生的"多元智能而教",发现其智能强项和发展其智能弱项,即全面开发每个学生的各种智能。提倡"通过多元智能来教",同一内容可通过多元切入点学习。学校应尝试建立多功能的"智能化教室"、优化教学的媒体环境,在全面开发每个学生的各种智能的基础上,为学生创造多种多样的展现智能的情景,激发每个人潜在的智能,充分发展每个人的个性,促进学生的全面发展和个性发展的和谐统一。

建构主义学习理论是当代比较有影响力的一种认知主义学习理论,最早由瑞士心理学家皮亚杰提出,以后又经多位科学家、心理学家的深入研究而逐渐形成的理论。它在知识观、学生观、教学观等方面都有自己独到的见解,对我国实施基础教育课程改革、全面推进素质教育都具有积极意义,当然它也是和谐课堂教学的构建的理论依据之一。

建构主义学习理论认为,知识是学习者在一定的情境下,借助他人(包括教师和学习伙伴)的帮助,利用必要的学习资料,通过人与人之间的协作、交流等活动,依据已有的知识和经验主动地加以意义建构而获得。情境、协作、会话和意义建构是学习环境中的四大要素。学习不是由教师把知识简单地传递给学生,而是学生以自己原有的知识经验为基础,对外部信息进行主动的选择、加工和处理,建构自己的理解的过程。建构主义学习理论还强调学生不是被动的信息吸收者和被灌输对象,而是信息加工的主体和意义的主动建构者,教师是学生意义建构过程中的帮助者和促进者,而不是知识的传授者和灌输者。建构性学习是最符合学习本质的学习,是最能促进人的整体、可持续发展的学习观点,它不是一种具体的学习方法,而是人类认识和探索世界的方式,这一理论不仅符合新课程的理念,而且为和谐课堂教学的构建提供了理论依据。在课堂教学中,教师应该改变以往"一言堂"灌输的教学方式,依据建构主义学习理论,做学生意义建构过程中的帮助者和促进者,努力为学生营造良好的学习情境,尊重学生的选择及思维方式,为学生提供学习导向,让学生通过各种信息资源进行有意义学习、探究学习,尽可能组织独立思考基础上的合作学习,并对合作学习过程进行引导,师生之间、生生之间展开双向交流与多向交流活动,推动和促进学生原有的知识和经验与新的认识对象相互作用、相互影响,从而促使学生有效地实现对当前所学知识的意义构建,将新知识纳入自己原有的知识体系中。这样不仅可以锻炼和提高学生的分析问题和解决问题的能力,培养其创新能力,而且有利于课堂教学中人际关系(师生关系、生生关系)的和谐、学习资源的和谐、多种学习方式的和谐等,从而使整个课堂教学和谐化。

四、马斯洛的需要层次理论

需要层次理论是美国著名的人本主义心理学家马斯洛提出的。马斯洛将人的需要分为三大类别,即意动需要、认知需要和审美需要。又把意动需要分为五种不同层次,即生理需要、安全需要、爱与归属的需要、尊重的需要及自我实现的需要。前四种需要被称作基本需要。这五种需要的次序是由低到高逐级上升，处于一步一步地连续发展变化中，当低层次需要得到满足之后，就会上升到较高层次的需要。同一时期内往往存在几种需要，但每一个时期总有一种需要占主导地位，人们最迫切的需要是激励其行为的原因和动力。这五种需要不可能完全满足，越上层满足的百分比越小。低层次需要满足后，不再是一种激励力量，高层次需要满足，会增强激励的力量。

马斯洛的需要层次理论在教学上具有重要的意义，同时也为和谐课堂教学的构建提供了理论依据。人的需要是行为的根本动力，内部发展需求是和谐课堂教学构建的内在机制。首先就生理层次的需要而言，教师必须顾及学生的饮食和睡眠的需要。上课时间过久易导致疲劳、困累或饥饿等问题，以致影响课堂教学成效。就安全需要而言，教师应构建和谐的课堂教学物理环境，要注意安全，避免课堂处在噪声、空气等严重污染的包围之中，还要帮助学生克服学习中产生的恐惧、过度焦虑和急躁不安的心理。就归属与爱的需要而言，教师必须建立一个和谐、温暖、亲密的班级集体，倡导合作学习，满足学生的交往需要。在自尊的需要方面，教师必须建立民主、平等、互尊的师生关系，尊重学生，体现学生的主体性。另外，教师要通过鼓励性评价，通过赏识、肯定学生来调动学生的内驱力，重塑学生的自信心，激励学生更加乐于学习。人的最高的需要是自我实现的需要，马斯洛认为在人自我实现的创造性过程中，产生一种所谓的"高峰体验"的情感，这个时候是人处于最激荡人心的时刻，是人的存在的最高、最完美、最和谐的状态。学习要有属于自我实现的需要层次，动机源于需要，需要的层次越高，个性活动的自觉性和积极性也就越高。教师在满足学生现有的合理需要的同时要培养学生更高层次的需要，追求动态平衡，帮助学生不断拥有较高的学习需要的自觉性，使学生的内在潜质能够得到最大限度的发挥，学生得到全面、和谐、充分的发展。此外，依据马斯洛的需要层次理论，审美需要是人生的高层要求。当前，在素质教育的大背景下，"五育并重"的观点已经在教育界达成了广泛的共识。

和谐课堂教学的构建要求教师在教学过程中要渗透美育，要充分挖掘教学内容的美的因素，把知识理论用艺术性的手段呈现给学生，让学生受到美的熏陶、启迪和感染，在潜移默化中塑造学生的灵魂。

五、和谐教育理论

和谐教育思想在中西方都源远流长，在西方，和谐教育思想最早产生于古希腊。古希腊"三杰"即苏格拉底、柏拉图、亚里士多德，他们的教育思想中都提到了和谐发展的观点。苏格拉底提出了"美德即知识"的命题。柏拉图强调早期教育，注重学习读、写、算、骑马、射箭等知识和技能，要求12~16岁阶段的少年要分别去弦琴学校和体操学校学习。亚里士多德把人的灵魂分为植物的、动物的和理性的三部分。与之相对应，提出了体、德、智三方面的教育，此外，他还注重音乐教育。近代教育之父夸美纽斯在其著作《大教学论》中写道："事实上，人不过是身心两方面的一种和谐而已。"德国著名的自然主义教育思想家第斯多惠，在《德国教师培养指南》一书中提出和谐教育思想，第斯多惠认为每一个人都应当追求内在自我的和谐培养，在和谐培养的原理指导下，每个人充分地发挥自己的特长，发展成为一个完美的人。苏联苏霍姆林斯基是和谐教育思想的集大成者，他从事教学理论与实践研究30多年，提升个性全面和谐发展教育思想。他认为，为了培养全面和谐发展的人，必须在整个教育过程中实施和谐的教育，即把人对客观世界的认识和个人的自我表现结合起来，使二者达到一种平衡。就我国而言，和谐教育思想可以追溯到春秋时期的孔子。孔子提出"礼之用，和为贵"的和谐教育主张，强调把知、仁、勇三者统一起来，实质上就是智育（知）、德育（仁）、体育（勇）的统一。近代蔡元培的五育（军国民教育、实利主义教育、公民道德教育、世界观教育和美感教育）并举、陶行知的手脑结合等主张，都寓有和谐发展的教育思想。可见，中西方和谐教育思想都主张在德育、智育、体育、美育和劳动教育全面发展的基础上寻求学生内在个性的协调发展。

和谐教育以学校教育教学的主要形式即课堂教学为中心，调控课堂教学中的各种要素（如教学的目标、内容、方法、手段等）之间的关系，使之达到协调、配合与多样性的统一，使教学的节奏符合学生发展的节奏，"教"与"学"产生谐振效应，从而提高课堂教学质量，减轻学生负担，使学生得到全面、和谐、充分的发展。和谐教育理论直接并深刻影响着和谐课堂教学观念，为实现和谐课堂教学奠定了一定的思想基础和理论依据。

第二节 和谐课堂教学的创设原则

一、以人为本原则

"坚持以人为本，树立全面、协调、可持续的发展观，促进经济社会和人的全面发展"的科学发展观，把"以人为本"作为科学发展观的一个指导原则和根本要求。2006年，党的十六届六中全会又把"以人为本"作为构建社会主义和谐社会的指导原则之一写入党的文件中。所谓以人为本，就是要把人民的利益作为一切工作的出发点和落脚点，把人民群众作为推动历史前进的主体，不断满足人的多方面需要和实现人的全面发展。以人为本是一种对人在社会历史发展中的主体作用与地位的肯定，强调人在社会历史发展中的主体作用与目的地位。它是一种价值取向，强调尊重人、解放人、依靠人和为了人。同时，它也是一种思维方式，就是在分析和解决一切问题时，既要坚持历史的尺度，也要坚持人的尺度。

以人为本，构建和谐课堂教学是全面树立和落实中共中央提出的科学发展观和构建和谐社会重大战略思想在学校工作中的具体体现。学校是培养人才的场所，课堂教学又是学校教育教学的主要形式，没有和谐的课堂教学就不会有和谐的校园，也就不会有和谐的社会，而以人为本原则是构建社会主义和谐社会的指导原则之一。因此，构建和谐课堂教学也必须坚持以人为本原则。学生是课堂教学的主体，所以，"以生为本"是以人为本在和谐课堂教学中的具体体现。以生为本主要包含两方面的意思：第一，教师要认真钻研教材，精心备课，在组织课堂内容时必须考虑到所讲授的内容是否符合学生的实际情况，是否有利于学生对知识的理解和吸收。第二，课堂中的一切活动都应当坚持以学生的全面和谐发展为本，始终把学生放在第一位，以学生为出发点，以学生为动力，以学生为目的，立足于学生潜能的开发、素质的提高和能力的发展。建立民主、平等、尊重的课堂教学人际关系，尊重学生的权利、人格和个性需要，关心、理解和信任每一位学生。在开展课堂教学活动中，要充分发挥学生的主体性，给一切学生提供一切机会，尽可能地让每一位学生都积极参与教学活动，实现师生、生生互动，共同发展。只有坚持以人为本才能体现教育对人生命主体的价值和人的主体地位的科学认识，意味着课堂应把人的世界和人的关系还给人自己。

二、整体性原则

课堂教学可以看作由教师、学生、教学内容、教学方法、教学手段等若干相互联系的教学要素构成的一个系统。整体与部分相互依赖，没有部分就不会有整体，没有整体也无所谓部分。但整体不是部分的简单相加，整体是各个部分有机的结合，整体具有部分所没有的新功能。当各部分以有序、合理、优化的结构形成整体时，整体功能大于各个部分功能之和。一根筷子的韧性较小，容易被折断，而一大把筷子的韧性就大得多，不易被折断。俗话说"三个臭皮匠，胜过一个诸葛亮""一花独放不是春，万紫千红春满园"，都揭示了这个哲理。反之，当各个部分以无序、欠佳、不合理的结构形成整体时，各部分原有的性能得不到发挥，其力量被削弱，甚至相互抵消，从而使整体功能小于各部分功能之和。因此，我们在构建和谐课堂教学时要遵循整体性原则，使课堂教学各要素之间相互配合适当，处于一种协调、统一的状态，即和谐的状态，让课堂教学的整体功能得到最大限度的发挥。

整体性原则在学生方面体现在两方面，即面向全体学生的发展和学生个体素质的全面发展。一是面向全体学生。课堂教学要克服过去"尖子"教学与"英才"教学的片面性和单一性做法的影响，教师要关注每一位学生，保证学生都能受到很好的教育，都能有机会参与课堂教学的各项活动，使他们各自在不同程度上有所提高和有所发展。

教师特别要对学习困难的学生给予切实的帮助和指导，逐步地转化学习困难学生，让他们在自己原有基础上都有所进步。

二是学生个体素质的全面发展。人本主义心理学认为，任何一个健康的人都是一个完整的统一体，他们各自意识、认知、情感和运动彼此较少分离，更多的是互相协作，即为了同一目的没有冲突地协同工作。因此，我们必须把人当作一个理智与情感的整体去研究，必须用整体分析法来研究人，才能产生更有效的结果。人是完整的人，都具有自然属性和社会属性，都是具有德、智、体等基本素质的有机体。课堂教学应该克服只重视知识教育而忽视能力培养和品德教育的做法，要关心学生的身心、情感、认识等各个方面，使知识、能力、品德教育一体化，学生德、智、体、美、劳等各方面得到整体发展。这里需要特别指出，强调学生的整体发展但并非忽视学生的个性发展。全面发展不等于平均发展，平均发展最终只会扼杀个性。个性发展是指个体在性格、能力、兴趣、价值观念等方面形成的稳定的心理特征。个性发展和全面发展并不矛盾，两者是对立统一的关系。全面发展是个性发展的基础，个性发展是全面发展的核心。我们要培养创新人才，必须在促进受教育者全面发展的基础上来提倡他们的个性发展。

三、发展性原则

构建和谐课堂教学要坚持发展性原则，就是要以促进教师和学生的共同发展为原则。和谐的课堂教学应包括学生自身的和谐发展和教师自身的和谐发展。教师的发展是学生发展的基础，是学校可持续发展的不竭资源。如果教师发展不能顺应时代要求，就不可能造就学生素质的逐步提高。学生的发展是教师教育教学的立足点，是课堂教学的最终目标。只有教师和学生的共同进步、共同发展，才是双赢，才能真正促进课堂教学的发展，促进学校的发展。

课堂教学所具有的特定条件、结构及课堂教学活动尤其是学生活动的状态，决定了课堂教学对学生的素质形成具有发展价值。活动既是人的发展得以实现的现实性因素和决定性因素，也是人的素质发展的基本机制。课堂教学为学生认知素质的发展提供了最为重要的资源和途径，为学生认知以外的素质（兴趣、情感、态度、品德等）发展奠定了认知上的基础。教师应关心和爱护每一个学生，促进每一个学生发展，要注重发展的全体性、全面性、主动性、差异性和持续性。和谐课堂教学的构建以多元智能理论为理论依据，特别注重学生多元智能的发展、学生能力发展的多元化。和谐课堂教学所倡导的探究学习和合作学习改变学生原先单一知识的接受性学习，为学生创设开放的学习环境，为学生的发展提供了广阔的空间。探究学习有利于培养和发展学生收集信息、处理信息、分析信息的多元能力，以及动手操作能力、发散思维能力、创新能力。通过师生合作、生生合作可以发展学生协作能力和交往能力，并在合作交往中丰富自身的情感与多元化体验。而这些方面能力的培养和发展既体现了新课程改革的宗旨，也是构建和谐课堂教学的目的所在。所谓"学高为师，身正为范"，教师不仅是知识的传播者、人格的影响者，也是道德的示范者，教师的一言一行都会对学生的世界观、人生观、价值观产生重要而持久的影响。因此，在促进学生发展的同时，教师也应该不断地提升自身的素养和专业水平。教师要转变教育理念，树立"以学生发展为本"的教育理念。教师要与学生真诚相待，建立和谐的师生关系。要有一定的教学机智和教学幽默感，能从容面对意外情况。此外，教师必须不断发展与人合作的意识与能力，教师之间、师生之间要相互合作、互相学习，取长补短。教师还必须不断发展课程开发的意识与能力，随着新课程的实施，教师要充分地认识到自身是"用教科书教"，是课程的开发者和建设者，而不是"教教科书"，不是课程的消费者和执行者。教师要善于根据学生的心理特点、兴趣爱好与教学内容，开展探究活动课的教学。

四、革新性原则

课堂教学是教师和学生真实生命历程的重要舞台，是学校教育教学的主要形式，是实施素质教育的主阵地。当前我国正在进行基础课程教育改革，教育要改革，就应该从课堂教学开始迈步，如果我们的课堂教学不改变，仍然"穿新鞋，走老路""换汤不换药"，那新课程改革的目标就难以实现。因此，可以说课堂教学是教育改革的切入点，是新课程实施的核心环节。和谐课堂教学的构建要坚持革新性原则，即改革创新性原则，改革本身就意味着创新，课堂教学要跟随新课程改革的步伐，随之进行改革。创新是一个民族的灵魂，是国家兴旺发达的不竭动力，当然也是和谐课堂教学发展的源泉。

创新既包括事物发展的过程又包括事物发展的结果，包括新的发现发明、新的思想和理念、新的学说与技术及新的方法等一切新事物。创新教育是指根据创新原理，以培养学生具有一定的创新意识、创新思维、创新能力及创新的个性为主要目标的教育理论和方法，使学生在牢固、系统地掌握学科知识的同时发展他们的创新能力。创新教育是当前全国学校教育改革的主旋律，是实施素质教育的关键。创新教育首先应该从课堂开始，创新教育需要课堂教学的创新，在课堂教学中，教师要大胆开展创新教育，以培养学生创新意识、创新能力和创新能力为己任，转变教育思想、更新教学观念，努力改进教学方法与手段，注意创新教育经验的运用吸收，让课堂教学真正成为培养创新人才的摇篮。但是，传统教育体制在学生创新能力培养的许多方面都不尽完善，严重地影响了学生创新才能的发展。在知识经济到来之际，为满足创新人才的需求，必须在目前的教育改革转型时期，从教育观念、培养目标、教学内容、教育方法与手段及管理体制等若干要素着手，加大教育创新力度，以教育创新促进创新教育。教师要改变教学理念，树立新的知识观、学生观、人才观和教学观，这是课堂教学改革与创新的思想基础；教师要不断提高自身素质，具备较强的创新意识和较强的创新能力，角色由单一向多元转变，这是实现课堂教学改革与创新的前提条件；课堂教学要从教师"教为中心"变为学生"学为中心"，倡导自主、合作、探究的学习方式，学生学习方式和教师教学方式的改变是实现课堂教学改革与创新的关键所在；在传统纯知识记忆的考试教育教学评价体制方面大力革新，建立科学的教学评价是实现课堂教学改革与创新的基本保障。

五、互动性原则

传统课堂教学过分注重学科知识，忽视了学生的存在。教师把教学看成是单向的传道、授业、解惑，却忽略了学生的兴趣、需要；过分强调教师传授，忽视了学生参与课堂，教学中"一言堂"的现象相当严重，学生成为被动的知识接收者，很少有机会参与到课堂教学活动中；过分关注学习的结果，忽视了学习的过程。学校过分关注分数和升学率，导致学生死记硬背，缺少自主探究、合作学习、独立获取知识的机会，这对发展学生的创造性思维和培养学生解决问题的能力无任何益处。由此可见，传统课堂教学并不是和谐的课堂教学，学生身心也得不到和谐发展。社会是人们交互作用的产物，一个人的发展取决于和他直接或间接进行交往的其他一切人的发展。和谐课堂教学应是师生互动、生生互动、心灵互动。要遵循互动性原则来构建和谐课堂教学，实现师生、生生互动，共同发展。

互动是指充分利用和学习有关又能相互作用的教学因素，促使学生主动地学习与发展，进而使课堂教学达到高质高效的教学效果。互动对课堂教学而言，意味着对话、参与和相互建构。教学过程可以看作教师、学生、中介这三个动态因素以信息为载体的互动过程，是一种复合活动。它具有多向型，强调多边互动。课堂教学互动包括人与人（师生、生生）互动、人与机（计算机等课堂多媒体辅助教学工具）互动、人与文本互动、人与环境（课堂）互动等多种全方位互动。

其中师生、生生互动又可以分为五种基本类型：教师个体与学生群体的互动、教师个体与学生个体的互动、学生个体与学生个体的互动、学生个体与学生群体的互动、学生群体与学生群体的互动。课堂情境符合学生的求知欲和心理发展特点，师生之间、同学之间关系正常和谐，学生产生了满意、愉快、羡慕、互谅、互助等积极的态度和体验，这些积极的课堂心理气氛是课堂教学互动的基本条件。积极的课堂心理气氛的形成，要靠教师的精心组织和主动创造。教师是积极课堂心理气氛的创造者和维护者。教师能以自己的积极情感感染学生，建立良好的班级人际关系，使学生在课堂学习中始终保持良好的心理状态，并能有效地进行课堂教学调控。合作学习是课堂教学互动的基本理念，通过小组合作、小组间的互练互评、成果展示、教师参与学生的活动、师生民主对话等形式，使有效互动成为课堂的主旋律。师生、生生之间的交流互动可以起到相互学习、彼此互补、共同发展的作用。这样不仅有利于开阔自己的视野，而且增加了解他人的机会，更重要的是在互动中加强了情感上的沟通与交融，有利于形成友爱、和谐、互助的集体。

第三节 和谐课堂教学的创设策略

和谐课堂教学的构建是一个长期而艰巨的过程，在这里，笔者提出以下可供参考的五方面的要求，从观念到行动，逐步地构建和谐课堂教学。

一、培养和谐课堂教学的意识

和谐课堂教学的构建是进行和谐课堂教学的前提和必然。人的行动是建立在一定的思想意识基础上，先有意识，才能在意识的指导下做想做的事情。教师和学生是构成课堂教学两大最基本的人的因素，构建和谐课堂教学的动力来自全体教师和学生的努力，需要他们形成合力。因此，和谐课堂教学的构建需要充分地培养教师和学生的和谐理念，形成和谐意识，建立对和谐课堂教学构建必要性的认识，为和谐课堂教学的构建奠定坚实的思想基础。

（一）明确进行和谐课堂教学的意义和价值

在中小学教育阶段，担任构建和谐课堂教学职责的主要是教师，教师应自觉培养和谐课堂教学的意识，深入地研究教师的"教"与学生的"学"。但是审视当今的中小学课堂教学，我们会发现，教师对"教"的研究只限于怎样在一堂课45分钟内完成教学任务，缺乏对学生"学"的深入了解。整个课堂教学大部分时间都是教师讲、学生听，教师理所当然地认为自己是课堂教学的主体，而学生是接受知识的客体，教与学呈现出相当的不和谐，教师也没有培养和谐课堂教学的意识，更谈不上构建和谐课堂教学。在学生的意识里，教学目标和计划都是事先为他们制定的，教师是以完成课堂教学任务为职责的，而对自己在课堂教学中的主体地位缺乏正确的认识，当然也认识不到和谐课堂教学的必要性和重要性。和谐课堂教学是指按照学生的认知特点和身心发展的基本规律，调控课堂教学中的各种要素（如教学的目标、内容、方法、手段等）之间的关系，使之达到协调、配合与多样性的统一，使教学的节奏符合学生发展的节奏，"教"与"学"产生谐振效应，从而提高课堂教学质量，减轻学生负担，使学生得到全面、和谐、充分的发展。也就是进行和谐课堂教学的最终目的是为了使学生得到全面、和谐、充分的发展，并不是让学生在学科知识单方面得到发展，能够应付各种考试。社会主义和谐社会需要的是身心和谐发展的人，和谐课堂教学能促进人身心的健康发展，培育出符合和谐社会发展需要的人才，塑造一代和谐社会建设的精英。相反，不和谐的课堂教学只会对人身心进行摧残，成为构建社会主义和谐社会的一块巨大绊脚石。因此，教师要明确进行和谐课堂教学的意义和价值，明晰自己在和谐课堂教学中的地位、角色使命，并充分认识和谐课堂教学的必要性和重要性，自觉地培养和谐课堂教学的意识。

（二）增强学生主体意识，树立自我和谐发展观念

主体意识是人对自身的主体地位、主体能力和主体价值的一种自我觉悟，是

主体的自主性、能动性和创造性的表现。学生主体意识的觉醒，意味着学生主动参与自身发展，以达到身心自由、充分发展的开始。学生主体意识的强弱，在某种意义上决定着其对自己身心发展的自知、自检、自主、自奋的程度。主体意识越强，学生参与自身发展的自觉性就越强。因此，教师在课堂教学中要增强学生的主体意识，使学生参与自身发展的自觉性提高，对自身身心发展的自知、自检、自主、自奋的程度也相应提高。同时，教师和学生都要树立自我和谐发展的观念。古人云：师者，范也。言行静动，皆可为式，只有和谐发展的教师才能培养出和谐发展的学生。因此，教师要不断地提高自身的素养和专业水平，做一个"学习型"教师，在不断的自我学习和反思中能等待、会分享、常宽容、善选择、巧合作、敢创新，努力让自身得到和谐发展。学校必须加大和谐社会构建、和谐课堂教学构建的宣传力度，学生应该把自己当成和谐社会中的一员，当成和谐课堂教学中的一分子，树立自我和谐发展的观念，将自我和谐发展作为一种内在需要、动力和目标，不断地严格要求自己，向和谐发展的目标靠近。

二、建立和谐的课堂人际关系

课堂人际关系是指课堂上人与人之间在情感与信息交流过程中所形成的比较稳定的心理关系。主要有两种类型：一种是垂直的人际关系，即师生关系；另一种是水平的人际关系，即同学关系。和谐的课堂人际关系是孕育学生身心和谐发展的沃土，而矛盾和冲突的课堂人际关系则会让教师和学生感到忧虑和苦恼，甚至会影响身心健康。因此，要想培养身心和谐发展的人，我们必须建立和谐的课堂人际关系。

（一）建立和谐的师生关系

和谐的师生关系是促进学生健康情感和良好社会性发展的基础，是保证教育教学活动顺利完成的前提，是素质教育得以实现的关键。和谐的师生关系是一种长久不衰，最富生命力的教育力量。它有利于创设民主、和谐、轻松的课堂教学氛围，师生之间相互尊重、相互信任，教师能心情舒畅地教，学生能轻松快乐地学；有利于师生间的交流与合作，师生坦诚相待，相互体谅与包容，彼此敞开心扉，知识和情感上都能达到很好的交流，学习上也可以成为很好的合作伙伴；有利于学生形成自尊和尊重他人、诚实、善良等优秀品质。和谐的师生关系要求教师要有高尚的品德修养、良好的举止规范，这些都会潜移默化地影响学生，促进学生良好品质的形成。

在课堂教学中，怎样建立和谐的师生关系呢？首先，教师要转换角色，树立民主平等的师生观。教师要从知识的灌输者转换为学习的引导者，从课堂的主宰者转换为平等的交流者，从单向的传授者转换为互动的合作者，从呆板的经验者转换为教学的创新者。其次，学生要转变观念，树立民主平等的师生观。学生要转变教师是绝对权威的观念，要求教师尊重、信任和关心学生，公正地对待全班学生，绝不容忍教师对学生的讽刺、挖苦与不负责任。教师要让课堂成为一个温暖的家，每一个学生都能得到理解和尊重、宽容和关怀。要让课堂成为师生平等对话的平台，学生知无不言、言无不尽。最后，教师要提高教学机智，师生作为课堂教学的主角，两者之间往往不可避免地存在着一些矛盾。这就要求教师要有较高的教学机智，表现出一种敏锐、迅速、准确的判断能力，能及时对待和处理矛盾，主动协调人际关系。此外，教师要学会与学生合作。师生之间的合作一方面体现了师生关系的民主平等，学生和教师都是教育教学活动中的参与者，学生不是被动接受知识的"容器"。另一方面，师生之间的合作关系也是培养学生的人际协作精神、创造能力和实现师生教学相长的要求。在与学生合作时，教师最重要的是要信任学生，相信学生一定会成功。要营造民主的气氛，让所有的人都能够畅所欲言，表达自己的心声，并无条件地、全身心地倾听对方的意见和感受。要进行沟通，真正理解双方的立场和看法，在合作中形成共识和行动方案。

（二）建立和谐的同学关系

谈起构建和谐的课堂人际关系，大多数人往往都关注和谐师生关系的构建，而和谐同学关系的建立受到重视的程度不够。我们知道，在学生的成长过程中有各种影响因素，同龄人的影响极其重要。同学关系的质量对学生的学业成绩和身心健康产生深远的影响，融洽、和谐的同学关系对学生的学习和成长具有巨大的促进作用，是学生形成社交能力与情感的关键因素。反之，相互疏远和对立的同学关系只会成为强大的制约力，严重地阻碍学生的学业和身心健康。因此，和谐课堂教学必须要建立和谐的同学关系。

在课堂教学中，可以从以下三方面来建立和谐的同学关系：第一，教师要帮助学生克服自卑和自高自大的心理。有的学生由于家庭背景不好或学习成绩较差，从而产生一种自卑心理，很少与人交往，退缩在群体之外。这类学生常常感到不安与烦躁，容易与他人对立，甚至产生敌意和对抗。而有的学生仗着自己家庭背景好或学习成绩优异等方面的优势，自高自大，鄙视那些某方面不如自己的同学，将他们排斥在自己的交际圈之外。这对学生心理的健康发展和交往能力的培养都是极为不利的。教师应该密切地关注学生之间的交往情况，帮助自卑的学生树立信心，多为学生创设自我表现的机会，让其发现各自的闪光点，学会虚心学习对方的优点，从而协调同学关系。第二，提倡合作学习和良性竞争。合作即双赢，同学之间通过交流与合作，能够取长补短，共同发展。在合作学习中，学生要尊重彼此的学习方式、彼此互相认同，既要充分发表自己的意见，也要耐心听取别人的意见，生生团结互助，并以此营造良好的学习氛围，形成和谐的人际关系。在课堂教学中，教师既要让学生学会与其他同学合作，又要鼓励学生之间良性竞争。有竞争才有动力，有竞争才会前进。课堂上的良性竞争能增强学习的兴趣、提高成就动机和抱负水平、提高学习效率，使同学关系更融洽、更和谐。第三，倡导学生互评，并为学生互评创造机会。学生互相评价作为课堂教学评价的一种有益的补充，是生生交往的重要表现之一。教师要借助小组合作活动的形式，组织学生进行互相评价，也可以制定相应的评价表格规范学生互评的方法，让学生通过互相评价，增进彼此的了解，协调同学关系。

三、创设和谐的课堂教学环境

记得法国一位著名的教育家曾说过:"只有环境和教育,才能把牛顿变成科学家,把荷马变成诗人,把拉斐尔变成画家。"人生活在一定的环境中,一方面既受环境的影响,另一方面又要善于适应环境,同时还要努力控制和改造环境,使之为自己服务。课堂教学活动也是如此,只有了解、适应、改造课堂教学环境,使课堂教学环境为教学工作服务,教学才能取得理想的效果,学生才能更自由、健康、和谐的发展。课堂教学是教育情景中的人(教师与学生)与环境(教室及其中的设施、师生间的心理环境)互动而构成的基本系统。因此,和谐的课堂教学环境包括和谐的课堂教学物理环境和心理环境。

(一)创设和谐的课堂教学物理环境

良好的物理环境是进行教学的物质基础和基本保证,和谐的课堂教学物理环境,有助于良好课堂秩序的维系,有助于和谐的心理环境的形成,有助于教和学的协同共进。和谐的课堂教学环境首先需要建立良好的学校环境。良好的学校环境,常选在风景秀丽、交通便利、远离噪声和空气污染的地方。教室作为学生接受教育的主要场所,直接影响着课堂教学各种活动。教室环境的布置和整洁程度不仅会对学生的心灵、身心健康产生相当的影响,而且会对学生学习的态度与行为产生显著作用,进而影响课堂教学效率和质量。因此,我们要以和谐为原则,对教室布局进行合理的规划与设计。教室的四面墙最好是白色、淡蓝色或淡绿色,使教室显得素净淡雅,令师生心境开阔。教室两侧的墙壁上可以挂名人画像、格言警句、奖状锦旗、地图表格等,显示出教育性、艺术性和思想性,给师生以美感和启迪。教室要保证良好的通风,整齐的桌椅、漂亮的窗帘、明亮的灯光,创造一种协调气氛,使人产生一种愉快的心情,从而提高学习效率,实现环境育人的功能。和谐课堂教学要求师生互动,因此,教师应根据教学的需要和学生特点,利用不同座位排列方式的长处,灵活调整组合座位,以利于师生互动及信息的多向交流。创设和谐的课堂教学物质环境还需要加大教育投入,改善办学条件,为教学提供充足、完善的教学设备,如电视、幻灯、录音设备、多媒体等,教师要适时、适度地熟练地使用这些教学设备,提高学生的学习兴趣,提高学习效率。

(二)创设和谐的课堂教学心理环境

课堂教学心理环境是指在课堂教学活动中,影响学生认知效率的师生心理互动环境。它虽然不直接参与教学活动,却在很大程度上制约着课堂教学效果。它既可使课堂成为学生一心向往的殿堂,也可使课堂成为学生唯恐避之不及的地方。它还直接影响着教师水平的发挥和教学的效果,不论采取什么教学方法和课堂教学模式,都要以和谐的课堂教学心理环境做保障。可见,创设和谐的课堂教学心理环境是构建和谐课堂教学的关键。

和谐的课堂教学心理环境是由各种因素共同构建的"心理场",教师良好的心理素质是创设和谐课堂教学心理环境的首要条件,一个塑造学生健康心灵的教师,自身首先要心理健康。在进行课堂教学时要有愉快的心情、稳定的情绪。要善于调控自己的情绪,避免把不良的情绪带到教学过程中去。要有一定的教学机智,能恰当、迅速、果断地处理课堂上的突发情况。大量事实证明,积极良好、和谐愉快的心理环境能使学生的大脑皮层兴奋,这种情况下学生往往思路开阔、思维敏捷、想象力丰富,从而提高学习效率。因此,教师要创设宽松、民主、和谐的课堂教学心理氛围,尽可能习惯"一个课堂,多种声音",尊重学生的人格和学习方式,平等地对待每一位学生,要善用激励性的言语,宽容学生的缺点错误,以发展的眼光看待每一位学生,要让学生知无不言,能充分自由地彰显个性。此外,和谐课堂教学心理氛围的构建也必须考虑教学内容的选择,教学内容必须充分关注学生的需要和身心发展特征,要有创新性,激发学生的学习热情和兴趣,让学生形成良好的学习心态。

(三)协调课堂内外环境的关系

课堂教学是学校教育的主要形式,是学生获得身心发展的主要场所。但在培育人的过程中，除课堂教学之外，家庭教育、校内社团活动、社会实践与交往等这些课堂外部环境对课堂教学质量有直接或间接的影响。它们与课堂教学有着密切的联系，会以各种途径、各种方式对课堂教学的实施产生不同程度的影响。如果这些课外环境与课堂教学是一致的，就有助于课堂教学的开展。相反，如果课堂内环境与课外环境不一致或相冲突，无疑不利于和谐课堂教学的构建。因此，我们要使学生得到全面、和谐、充分的发展，就必须处理好课堂内环境与课外环境的关系，要充分协调和利用学校、家庭、社会中的有利因素，充分发挥其教育功能，使课堂内环境和课堂外环境和谐统一，形成合力，共同对学生进行教育。

四、建立和谐的"教"与"学"关系

课堂教学过程是教师与学生为完成教学任务而进行的交往互动过程，教师的"教"与学生的"学"是课堂教学最基本的两个要素，"教"与"学"的和谐是和谐课堂教学的基础与核心。然而，审视当今的课堂教学，我们发现教与学之间的不和谐会产生教与学分离、冲突的现象，从其表现形式上，可以分为两类：有教无学和有学无教。有教无学是指在课堂教学中，教师在台上讲课，学生在台下窃窃私语，对教师的教全然不知，教学活动被分解为只有教而无学的状态。有学无教是指在课堂教学中，教师在台上教，学生在台下不按教师的学，主动弃学，按自己的意愿有选择地进行学习，如看别的内容或做别的作业等，从而形成了"有学而没有教"的状态。形成"有教无学"和"有学无教"现象的原因很复杂，既有教师方面的原因，也有学生方面的原因。如教师的教学观念陈腐和僵化、新课程改革背景下教师角色的冲突、教师的综合素质和专业化水平不高、教师与学生之间缺乏理解与沟通、教师使用的教学方法与教学手段不当、教学内容与学生兴趣不符、学生的自我意识不断增强、学生学习情绪和学习动机低迷等。课堂教学中，"有教无学"和"有学无教"现象使"教"与"学"不能产生谐振效应，教学的节奏不符合学生发展的节奏，课堂教学质量得不到提高，学生也得不到全面、

和谐、充分的发展。因此,笔者就如何建立和谐的教与学关系提出了几点建议:

(一)正确处理"教"与"学"的辩证关系

"教"与"学"是矛盾的两个方面,既对立又统一,通过矛盾运动,推动着教学活动的开展。在课堂教学中,"教"与"学"既相互依存、相互制约,又相互渗透、相互包含、相互传化。学受教的启动,教受学的制约。教是学的前提和依据,学是教的结果和目的。教师的"教"是外因,学生的"学"是内因,外因只有通过内因才能起作用。正确处理好教师的主导作用与学生的主体地位之间的关系,是实现"教"与"学"关系和谐的关键。在教学活动中,学生是"学"的主体,学生的主动性、积极性、创造性是学习的内因,激发学生学习热情,调动学生学习兴趣,鼓励学生主动参与是课堂教学环节中至关重要的问题。教师是"教"的主体,发挥着主导作用,按照教育教学规律组织教学活动,对学生进行引导和启迪,促进学生在知识与技能、情感、态度与价值观等方面的发展。总之,教师的"教"是为了促进学生的"学"。在课堂教学中,教师的主导作用与学生的主体地位是不可分割的有机统一体,正确发挥教师的主导作用是充分调动学生学习主动性、积极性的前提,而充分发挥学生的主体性,又是充分发挥教师主导作用的重要标志。和谐课堂教学要求坚持以学习为本,就是要确立学生的主体地位。教师是学生学习的组织者、引导者和合作者,学生的"学"离不开教师的"教",学生的主体地位是在教师引导下逐步确立起来的。教师主导作用的出发点必须是"学",课堂教学所追求的结果也一定由"学"体现出来。因此,教师的主导作用必须从发挥学生的主体作用出发,只有这样,教师的主导作用与学生的主体地位才能统一起来,才能把学生的主动性、积极性调动起来。

(二)实现"教"与"学"诸方面的统一

"教"与"学"包括的方面很多,笔者仅就以下方面粗略地谈些看法:第一,"教"与"学"的目标要统一。目标一般是指人们从事某项活动所要达到的预期结果。目标可以激发学习者的学习兴趣,端正行为动机及要求学习者达到学习的目的或结果。教学目标就是指教学活动的预期结果所要达到的标准。教学目标是教学活动的出发点和最终归宿，对教学活动有指导作用、激励作用和标准作用。在课堂教学中，教师要把自己的教学目标与学生的学习目标统一起来，使师生产生共同的心理追求，相互激励和学习，为了一个共同的目标而努力奋斗。新课程标准提出了三维目标教学，即知识和技能，过程和方法，情感、态度和价值观。教师要把这一教学目标努力转化为学生的学习目标，让学生了解三维目标的含义和意义，这有利于学生的自我激励、自我调控和自我检验，有利于教学目的的实现。

第二，"教"与"学"的思维要统一。在课堂教学中，如果教师和学生的思维活动趋于同步，课堂教学就能收到较好的教学效果。教师应该充分了解学生的认知特点和认知水平，尝试着从学生的角度观察和思考问题，从学生的角度来设计问题。在课堂教学中，教师要创设问题情境，激发学生的求知欲。创设问题时应注意问题要小而具体，要新颖、有趣、有适当的难度、有启发性。让学生自己开动脑筋，经过思考，反复推敲，直到得出结论。这样就把教师的思维活动与学生的思维活动联系到一起，经过教师适时适当的启发诱导，师生共同向一个方向思考，某些知识和解决问题的方法就由主导一方传授给了主体一方，教师"教"的过程就变成了学生"学"的过程，学生主体性得以体现，教学目标也能够顺利完成。

第三，"教"与"学"的方法要统一。"教"与"学"是教学过程中辩证统一的两个方面，因此，教法与学法属于"同源之水，无本之木"，是一个问题的两个角度，教法是从如何教的角度来研究的，学法是从怎样学的角度去探索的。教法的本身就包含着学法，渗透着学法指导。教师如果深入了解学的规律及影响学习的可变因素，并以此去指导学生的学，就会发现许多有效的教法。学习是学生自身的认知活动，学生只有采用了符合自己的认知水平和认知规律的学法，才能有效地促进自身知识和智能的发展。当学生掌握了适应终身学习的方法后，才能学会认知、学会做事、学会共同生活和学会生存，即实现教育的四大支柱。因此，教师要树立"以学定教"的教学方法观。学是教的根据，教法要适应学法，教的规律要符合学的规律。教师的教法不能脱离学生的学法，应主动让自己的教学去适应学生，以学法定教法。

五、建立和谐的课堂教学评价体系

课堂教学评价是对课堂教学质量的综合评定，即以教学目标为依据，对课堂教学设计、施教过程及教学效果给予价值性的判断，以提供反馈信息，使教师努力优化自己的教学过程，完成教学目标。随着新课程改革和素质教育在全国范围内的不断深入展开，传统课堂教学评价的弊端日益暴露，教师只注重"是否完成认知目标"，忽视学生综合能力的发展；只关注教师在课堂中的具体表现，忽视学生的表现。教学设计过于强调统一性，缺乏灵活性；过于依赖量化评价方法，忽视对质性评价方法的认识与实践等。新课程改革明确提出要改变课程评价过分强调甄别与选拔的功能，发挥评价促进学生发展、教师提高和改进教学实践的功能，建立促进学生全面发展的评价体系和促进教师不断提高的评价体系。和谐的课堂教学需要和谐的课堂教学评价，和谐的课堂教学评价应该体现新课程理念，形成发展性课堂教学评价，促进师生关系和谐、生生关系和谐，促进学生发展和教师提高。

建立和谐课堂教学评价体系不是一件容易的事，它是一项系统而复杂的工程，笔者简单地谈些看法。首先，一定评价体系的主要维度。传统课堂教学评价只把目光盯在教师的具体表现上，使得公开课成为教师的表演秀，忽视了学生的主体性，忽视了学生在课堂上的表现。和谐课堂教学特别强调突出学生的主体性，注重学生学习过程的参与性。因此，确定评价体系的主要维度为：学生、教学过程和教师。其次，确定一级指标体系。一级指标是指整个课堂教学评价的总体框架内容。可以从教学目标、教学过程、教学方法、教学媒体、教学活动的氛围、教师个人素质等方面去构建和谐课堂教学评价体系的框架。对教师要进行全面评价，不仅要对显性行为（教师在课堂教学中的具体表现），而且要对隐性行为（如教师的职业道德、专业水平、人格力量等）进行评价。最后，确定二级指标体系，二级指标是一级指标范围内容的详细规划，这是整个体系的重点。要以新课程理念为指导，遵循学科特有的教学规律，统筹考虑各方面的因素。评价标准应该用清楚、简练、可测量的目标术语加以表述。

《基础教育课程改革纲要（试行）》指出要"建立促进学生全面发展的评价体系"。评价不仅要关注学生的学业成绩，而且要发现和发展学生多方面的潜能，了解学生发展中的需求，帮助学生认识自我、建立自信。发挥评价的教育功能，促进学生在原有水平上的发展。和谐的课堂教学评价应该体现新课程理念，建立促进学生全面发展的评价体系。下面笔者就如何建立全面发展的评价体系谈些看法：

（一）评价目标多元化

新课程提出多元化的评价目标，针对学生的评价，其目标应是多元的，而不是单一的。至少应包括以下几个方面的功能：反映学生学习的成就和进步，激励学生的学习；诊断学生在学习中存在的问题，及时调整和改善教学过程；全面了解学生学习的历程，使学生主动参与学习；使学生形成对学习积极的态度、情感和价值观，帮助学生认识自我、树立信心。

（二）评价主体多元化

教学过程是师生、生生互动的多主体参与的过程，因此，在评价时要改变单一由教师评价学生的状况，让学生也参与评价过程。学生自评和学生互评，是实现评价主体多元化的方法之一。让学生参与评价过程与结果的分析，主要是为了让学生通过自我评价提高自主意识、反思能力与学习积极性和主动性，从而更加有效地促进其发展。另外，学生自评和互评也是一种非常有效的学习方法，它根源于建构主义学习理论，体现学生的主体性。

（三）评价内容多维度

传统教学评价主要限于学生的学习成绩，和谐课堂教学评价要求以多维视角的评价内容综合衡量学生的发展状况。不仅关注学生的学业成绩，考察"认识"

或"概念"等认知层面,同时关注"表现"等行为层面,情感、态度、价值观等情意层面,创新意识和实践能力等能力层面,心理素质、学习兴趣等心理层面。尊重个体差异,注重对个体发展独特性的认可,给予积极评价,发现和发展学生多方面的潜能,了解学生发展中的需求,帮助学生悦纳自己、拥有自信。

(四)评价方法多样化

应针对不同学段学生的特点和具体内容,选择恰当有效的评价方法。对学生知识技能掌握情况的评价,应将量化评价和质性评价相结合;情感与态度方面的评价则主要通过教学过程中对学生的参与和投入等方面进行考察。考试作为一种有效的评价方式,应根据考试的目的、性质和对象,选择不同的考试方法,如辩论、产品制作、论文撰写等开放动态的测评方式。打破将考试作为唯一的评价手段,要求重视和采用如行为观察、情景测验、成长记录档案袋等质性评价方法。还要将诊断性评价、形成性评价和终结性评价有机结合。只有将这些评价方法结合才能准确、公正地评价一个学生,保证评价结果的信度和效用。

和谐课堂教学是和谐教育的一部分,是和谐社会的一部分。因此,要想构建和谐社会就要构建和谐课堂教学。

本节以剖析传统课堂教学的局限为前提,以构建社会主义和谐社会为社会背景,以实施新课程为时代背景,深入地分析了和谐课堂教学构建的六大理论基础和五大原则,提出了和谐课堂教学构建的五大策略。本节通过研究和谐课堂教学的构建及策略,寻找使"教"与"学"达到和谐统一的途径,从而减轻学生负担,促进学生基本素质获得全面、和谐、充分的发展。教师掌握了和谐课堂教学的构建策略就好比抓住了一把打开课堂教学奥妙之门的钥匙,使自己和学生在课堂教学中能不断前进、不断超越,共同发展。但鉴于笔者能力有限,对和谐课堂教学构建策略研究得不够深入和具体,策略的可操作性还需仔细斟酌,笔者日后将继续努力探究。

第六章 基于人文素质培养提升的职业院校语文定位

第一节 职业院校语文的课程定位

一、工具性定位

工具性定位主要是传统的职业院校语文的定位方式。这种定位方式只注重职业院校语文培养学生的语言运用能力和简单的应用文体的写作训练方面。传统的职业院校语文教育，虽然也讲文学审美性，但侧重点只放在"语"字上，主要是把语文作为一门工具性课程来教，严重忽视"文"（人文文化）的内容，这与当今全球化的发展背景及社会对复合型人才的需求是背道而驰的。叶圣陶先生对"语文"的定义就是从工具性层面上来说的，即重视口头语言和书面语言的运用能力。并不是说"工具性"的定位是不正确的，可以说，在某一时期重视职业院校语文的工具性是有其必要性的。

二、人文性定位

针对只重视职业院校语文的工具性的弊端，有研究者指出应该把职业院校语文定位为"人文性"。20世纪90年代中期以来，国家教委将职业院校语文课定位为素质教育课程，加上此时世界人文主义潮流的风起云涌，进而把职业院校语文定位在人文的层面颇占上风。这种观点认为学校应该对学生进行人文主义教育，培养学生的人文素质，向学生传授哲学、文学、历史等学科的知识，甚至有人主张用"职业院校文学"来代替"职业院校语文"的说法。这种人文性定位的观点，过于重视语文的人文性。语文确实可以对学生进行人文素质教育，但是对人文素质的培养仅靠职业院校语文是难以实现的，还需要其他人文课程的共同教育才能有效进行。所以这种人文性的定位夸大了职业院校语文的功能，使得职业院校语文失去了它本身应具有的功能。

三、工具性和人文性并重的定位

这种定位观点主张既重视职业院校语文的工具性又重视其人文性。职业院校生在中小学阶段已经学习了基本的语文语法知识，应该在此基础上进一步提高职业院校生的语言运用能力和写作水平的训练，这对即将进入职场的职业院校生是一种很有必要的锻炼。何二元曾以"语文工具说"立论，说："小学语文，是学习小学功课、准备升入中学的工具；中学语文，是学习中学功课、准备升入职业院校的工具；职业院校语文，是学习职业院校功课、准备走上社会和终身学习的工具。"所以，设立职业院校语文的最基本的目标就是其工具性功能的发挥。在工具性的基础上，职业院校语文最应该重视的是其人文性的功能。由于市场经济的发展和经济全球化的加快，文化全球化也逐渐形成。世界各地的文化相交融，这时职业院校生会接受各种先进文化的熏陶，但与此同时也面临着一些垃圾文化的侵扰，这就需要对职业院校生进行人文素质的培养，培养他们应对各种文化的能力及道德水准，进而形成完整的人格。

明确定位是提升水平的关键。事实上，上面的第三种定位是目前比较赞同的一种定位标准。这也是国家的法案文件中所暗示的课程定位方式。如教育部颁布的《语文课程标准》明确指出："语文是最重要的交际工具，是人类文化的重要组成部分。工具性和人文性的统一，是语文课程的基本特点。"这里的定位较之前的定位就有一些进步了，首先强调语文是交际工具，这也就是语文的工具性；

接着指出工具性和人文性的统一，这就是针对之前只重视语文的工具性的弊端提出来的，要求把工具性和人文性放在同样重要的地位。再如，教育部高教司颁布的《职业院校语文教学大纲》也指出："在全日制高校设置职业院校语文课程，其根本目的在于：充分发挥语文学科的人文性和基础性特点。适应当代人文科学与自然科学日益交叉渗透的发展趋势，为我国的社会主义现代化建设目标培养具有全面素质的高质量人才。"这里进一步对职业院校语文进行了明确的定位，要求充分发挥语文学科的人文性和基础性。这里的基础性可以理解为工具性，让人才不仅拥有最基础的语言运用的能力，同时通过学习博大精深的汉语文化，培养自身的人文气息，为自身和国家的发展不断进步。又如，2004年10月召开的全国职业院校语文研究会第十届年会，也就职业院校语文教学改革及该课程的定位达成共识：职业院校语文作为一门必修课，以文章审美为载体，达到提高人文素质修养，同时注重工具性与人文性的统一。从以上几个文件中可以看出，职业院校语文应有的定位是工具性和人文性的统一。到底应该如何对职业院校语文进行定位？大的原则是在坚持"语文本位"的基础上对职业院校语文进行定位：工具性、人文性及时代性。所谓"语文本位"，是指职业院校语文的教育目的就是它本身，不包含其他的政治、道德层面的目的，反对职业院校语文的道德教化、思想教育功能过于严重；反对职业院校语文课传授过于深奥的文学知识，而是针对学生语文素养的提升，包括语言运用、文学欣赏能力。这里的时代性是指应该结合当时的时代特征，根据不同的时代进行具有时代特色的职业院校语文定位。因为不同的时代，社会大环境和世界对人才的要求是不一样的，而且语文学科的发展水平不同，学生本身的特点也会有变化，所以应该在定位的时候根据时代的变化确定工具性和人文性，在工具性和人文性之间进行平衡。

第二节　人文素质培养与语文能力提升的职业院校语文定位

一、定位中区分职业院校语文和中小学语文教育

回顾职业院校语文教学改革过程，争议一直颇多。概而观之，我们不难发现，始终纠结着的就是课程定位问题。职业院校语文定位是否清晰、是否准确、是否具有可操作性，是职业院校语文课程改革成败的关键。近百年的语文教育定位之所以模糊不清，既有社会因素的影响，也有语文自身综合性学科性质的特点的影响，还有语文教育各个不同阶段、不同层次的对象的影响。因此，对职业院校语文课程进行定位，必须考虑这些因素。如果把语文看成一条河流，那么这条完整的河流由小学、中学与职业院校三部分组成，职业院校语文则是整个语文教育河流中必不可少的部分，且每个部分既有相互链接，又有相对独立的目标定位。

语文作为一个学科，从小学到职业院校应当有整体设计。而学生从小学就开始接受语文教育，所以到职业院校的时候，很多学生认为自己已经接受了十几年的语文教育，根本不需要再学了，因此从思想上就忽视了语文这一学科。但是，职业院校语文绝不应该是所谓的"高四"语文，它不是对中小学语文教育的重复，而应该是在中小学语文的基础上的一种提升。按照我国的教育来说，语文教育可以说划分成了三个阶段——小学、中学和职业院校，这里把幼儿园的语言教育归入小学阶段。针对这三个阶段的语文教育和学生的学习特点，具体内容和要达到的目标应该是不同的，但是也有着不可分割的联系。也就是在这三个阶段，语文教育的深度及对学生的要求应该是层层递进、逐渐加深的，体现语文课程的整体性和阶段性。目前我国对职业院校语文尚未出台正式的课程标准，但是上面提到的教育部高教司颁布的《职业院校语文教学大纲》可以帮我们明确职业院校语文教育的标准。教育部《全日制义务教育语文课程标准》，对小学和中学阶段的语文教学已提出明确要求。小

学阶段的语文教育以基础和技术为主，致力于识字与词句书面表达，且识字必须达到3500个；而中学语文则是小学语文的继续，其目标是进一步巩固和夯实小学语文基础知识，同时又以语文技术和训练为主，更加侧重"使学生具有较强的语文应用能力和一定的审美能力、探究能力，形成良好的思想道德素质和科学文化素质，为终身学习和有个性的发展奠定基础"。它将义务教育阶段九年的语文教育根据总的课程标准又细分成了4个学段，循序渐进地进行教学。

而《普通高中语文课程标准》（2017年版，2020年修订）指出，"我国普通高中教育是在义务教育基础上进一步提高国民素质、面向大众的基础教育，任务是促进学生全面而有个性的发展，为学生适应社会生活、高等教育和职业发展做准备，为学生的终身发展奠定基础。普通高中的培养目标是进一步提升学生综合素质，着力发展核心素养，使学生具有理想信念和社会责任感，具有科学文化素养和终身学习能力，具有自主发展能力和沟通合作能力。"从这两个课程标准中可以看出语文教育的整体性和阶段性，语文教育是一个不可分割的整体，小学以及初中的语文学习为高中的学习奠定了基础，而高中阶段的语文学习是对小学及初中语文学习的进一步发展和深入。从而，可以判断职业院校语文的教育应该是更高层次的。在中小学阶段，学生已经掌握了语文的基础知识和基本技能，职业院校阶段的语文教育应该更具综合性、技能性。所以，这三个阶段的语文教育应该各有重点，层层递进，逐渐提升学生的语文素养和人文素养，为学生终身学习和有个性的发展奠定基础。职业院校语文教育是在中学语文教育基础上的一个飞跃。这个飞跃要求整个职业院校语文学科群中的各门语文课程具有较高的系统性、理论性、综合性、专业性及作品解读的个人性。

二、职业院校语文教育的人文维度

职业院校语文作为中学语文的继续，不是新开课，不是"从头学"，而是"接着学"。因此职业院校语文必须在解决"大中链接"的基础上，有"大"的定位。

职业院校语文将不再是语文基础知识和基本技能的教育，它的综合性更强，技能性更高，重在对职业院校生进行就业前的人文素质培养和语文应用能力的提升。从语文性质来看，职业院校语文则是公共基础"文化课"，着眼点重在精神提升。主要目标应该是通过文、史、哲、艺等文学文化名著的导学，进一步拓展学生的人文视野和学术视野，拓展阅读面，系统和梳理已学知识，获得创造性研究和思考的能力，能够正确地运用口语和书面语表达思想。从教育部高教司颁布的《职业院校语文教学大纲》中可以看出，职业院校语文教育侧重于人文素质培养，兼及学生语文能力的提升。

（一）立足人文维度的教育视野

职业院校语文教学所使用的文学类教学材料中蕴含着丰富的文化内涵和人文精神，相对于字、词、句的辨析来说，前者更能够培养个体生命的人文气质。小学到高中的应试教育中，往往缺乏了对语文教学材料中的人文和文化内涵的挖掘，反而采用"工程学"的视角与方法对待语文教育。这正如1998年诺贝尔经济学奖得主阿玛蒂亚·森批评与伦理学相背离的经济学时，说经济学的"'工程学'方法的特点是，只关心最基本的逻辑问题，而不关心人类的最终目的是什么，以及什么东西能够培养'人的美德'或者'一个人应该怎样活着'等这类问题。在这里，人类的目标被直接假定，接下来的任务只是寻求实现这些假设目标的最适合手段"。

过度强调知识性教学、"工程学"视角与方法的职业院校语文教育对个体生命的完善来说是不够的，同时对整个社会来说也是充满危险性的。就社会而言，只有大量受过良好人文教育、具有良好人文素质的知识分子分布于社会之中，才能促进公平、正义、平等、自由、和谐等社会公共福祉的完善，才能推动整个社会对共同善等价值和追求。这时候，社会中全体人的权利和福利才能得到更好的维护和实现。

因此，针对传统语文教学中重视对课文字、词、句的精读、精讲，却忽视对学生文化视野进行拓展，缺乏对文章的文化背景进行阐释的做法，职业院校语文教学应该减少和放弃对作为课文的孤立性、知识性学习，进而形成促进学生对多种信息全方位接受的教学方式，以获得对学生人文素质的培养。这样的教学方式改革，预期的目的是让个体可以获得更好的可持续性发展。

职业院校语文的人文教育目的也要求教师对课堂教学方式进行改革。在知识性教学中，往往会采取由授课教师单独讲解的传统教学模式，这就使整个教学过程中讲者和听者始终是对立两极，从而是灌输——记忆的不断重复循环状态。由于学生在这种教学中总是被动的接受，导致了课堂气氛的枯燥、乏味，也让学生丧失了自主性和能动性，逐渐失去了自由思考的能力。因此，职业院校语文教育应该放弃灌输式教育，让学生从语言文字的具体篇章走出来，把课文放在中西文化的大背景中去体会，其中的文化信息应该成为教师向学生传递的重点。

职业院校语文教科书中所选的内容，基本上涉及了古今中外的名篇佳作，在具体人文学科上则涵盖了文学、哲学、历史、社会学、伦理学等诸多学科的内容。这时候，就需要教师在教学过程中，引导学生走出以往语文学习中拘泥于一诗一文的句读理解方式，要从文化层面上对作品的细节加以讲解，通过文本在授课中挖掘出其中潜藏的文化现象和文化精神。一篇课文可以展现出一个民族的文化精神，也可以展现出一段历史中的民俗风情，还可以展现出文本背后的哲学视野……这些是职业院校语文授课过程中应该全面考量的文学与哲学、艺术、宗教、历史等诸多文化因素的内在联系，也是教师和学生应该在作品中寻求的更加丰富的意蕴。只有如此，职业院校语文教育才能避免重蹈应试教育中片面知识性学习的覆辙。只有站在文化大视野、历史总高度对课程所选作品进行观照，才能够在课堂中让学生感受到丰富的人文精神，从而营造以作品为点、以文化为面的教学方式。在这种教学中，教师可以顺理成章地引导学生透过课本，对个体生命的复杂人生和整体人类沧桑命运予以思考，激发学生的人文关怀意识和人生哲理思考。

（二）彰显审美能力教育的特征

职业院校阶段是个体生命人生中心理发展的关键时期。在职业院校期间，学生的个体人格迅速趋向独立，逐步开始确定人生目标。因此，职业院校是个体生命得以"成人"的关键阶段，而"审美"正是人所独具的能力之一。培养出具有审美能力的个体生命，进而可以养成一个具有美感的社会，因此审美教育是对人、对社会都必不可少的。

职业院校语文中的审美性教学，应该立足于以美育观点审视和处理课堂所用文本，进而将如何理解美的能力传授给学生，让学生具有发现美的眼睛。

审美教育的最终着眼点是个体人格的完善。美国人本心理学家马斯洛认为，任何一个人的心灵里都存在着"某种上帝般完美的可能性"。审美能力的具备也就意味着个体生命获得自我完全实现的基础。通过美的获得，学生可以获得对真、善的感受，因此审美教育还应该具有以美启真、以美悟善的功能。

在以美启真方面，通过职业院校语文课本中张若虚的《春江花月夜》，可以让学生通过诗人具有美感的眼睛感悟世界，从而展开对人生的理性思索，体味闻一多所说的唐诗"宇宙意识"。"美是真理的光辉"，职业院校语文的审美教育能够将职业院校生的思维导向哲理思考的深度，让学生感受到哲学理趣的魅力，使得学生在审美的超然情趣中，实现现实个体与理想人格的和谐。

（三）真善美人文教育的融合是职业院校语文的必由之路

从根本上来说，教育是关于灵魂的事业，也就是说教育的目的是让受教育者的人性趋于更加完善、人格趋于更加完美。正因为如此，职业院校语文教育必须促进职业院校生在精神上进行自身的完善、在道德上进行自我的升华。

通过职业院校语文的人文素质教育和审美能力教育，可以使学生自觉认识到人的精神生命的广博性和深邃性，从而将作为外在他律的社会规范自觉转化为自觉的内在自律，从而彰显人之为人的独特本体性价值。有了这样的能力，职业院校生就能够在求学阶段乃至整个人生过程中克服基于自然本能的非理性情绪和行为，将自我塑造成一个道德完善的人，进而形成道德性社会。

# 第七章 职业院校人文素质教育的原则、途径和方法

如何按照人文素质教育的目标，培养具有人文精神和一定人文规格的现代化人才，需要进入实践操作的层面，而操作首先要弄清基本的准则框架。本章将探讨人文素质教育的原则、途径和方法。

第一节 职业院校人文素质教育的原则

人文素质教育的原则就是在职业院校生人文素质教育活动中必须遵循的基本准则。它不仅在宏观上指导着职业院校生人文素质教育活动，而且在微观上规范和调节着职业院校生人文素质教育活动的各个方面和环节。

一、科学性与方向性相统一

科学性与方向性相统一原则是指人文素质教育活动既要体现科学性，又要坚持方向性，把科学性与方向性统一于人文素质教育活动中。

所谓科学性，就是指职业院校生人文素质教育活动所蕴含的规律性、真理性的内容要求得到遵循和满足，主要包括人文素质教育的内容客观现实性、教育规格及教育方式方法的合理性。方向性则主要强调人文素质教育的价值指向性，应该是合乎社会发展大趋势、主流意识形态及文化，并能对人们的正确行为发生导向作用。

从历史和现实来看，方向性要求较容易得到贯彻，任何阶级无不从各自的政

治目的出发,通过教育活动向学生施加自己的政治思想、价值观念和道德影响。孔丘就主张:"君子博学于文,约之以礼,亦可以弗畔矣夫。"唐朝韩愈说:"师者,所以传道、授业、解惑也。"宋朝周敦颐提出"文以载道"。同样,在当代中国,对职业院校生进行人文素质教育的目的就是通过提高职业院校生的人文素养、人本精神,使之具备适应当代社会发展的思想政治品质,其中,核心目标就是增强职业院校生的主流价值意识和政治敏锐力,即坚定走中国特色社会主义道路的信心、树立实现中华民族伟大复兴的崇高理想信念等。相对而言,科学性要求则不易达成。

而职业院校生人文素质教育坚持科学性与方向性相统一,具有较强的客观必然性和现实意义。其一,唯有如此,才能保证与社会主义高等院校培养目标的一致性。高校不仅要培养适应现代社会、能求得生存和发展的人,更要培养社会主义现代化事业的合格建设者和可靠接班人,只有这样,职业院校才能不辱使命,社会主义现代化事业才会后继有人。其二,科学性与方向性的统一,有利于优化人文素质教育的效果。坚持统一的方向可以坚定信心、激励斗志,使人文素质教育活动有着精神动力支撑;坚持科学性可以保证教育活动的有效开展、人文素质的有效提升。忽视任何一方面都会使人文素质教育目标的实现大打折扣,甚至使教育活动出现负效果。

人文素质教育不能仅限于知识传授,更重要的是对学生人生观、价值观、世界观的塑造。它面对的是人的精神世界,要构筑人的灵魂家园。故既要贯彻方向性,使全体师生认识到人文素质教育的价值指向,并在教育互动中不断调整,又要讲求科学性,将内容的真理性与方法的灵活性有机地结合起来,努力探寻社会目标和个人目标融汇一致的契合点,努力使人文知识、人文精神有机地渗透职业院校生生活的方方面面,做到教育的有效接受,达到殊途同归的效果。

二、理论与实际相联系

理论与实际相联系，是唯物辩证法的基本要求，是指导人类认识或学习活动的普遍规律之一，也是任何教育教学活动必须遵循的普适原则。古今中外不少教育家都对理论联系实际做过深入探讨。中国古代荀况就提出："知之不若行之，学至于行之而止矣。行之，明也。""知之而不行，虽敦必困。"在西方，古希腊智者曾断言："没有实践的理论和没有理论的实践都没有意义。"

职业院校生人文素质教育坚持理论与实际相联系，包括两层含义：一是在人文素质教育中，教师把基础理论与现实生活实际联系起来，把教育普遍规律与学校人才培养目标、课程体系、师资状况、学生来源和特点结合起来，因地制宜地制订符合自身实际的人文素质教育方案，使学生真正理解和掌握基本理论；二是在实践教学环节，特别是在职业院校生的人文素质教育实践中，要坚持理论知识的主导作用，因为理论知识反映了自然界、社会和人类思维发展的最普遍规律，对实践具有广泛的适应性和指导作用。理论联系实际，体现着理论和实际的相互关系，理论教学与实践活动协调统一、互相补充、互相促进，既通过联系实际掌握理论，又要把理论应用到实际中去，这是职业院校学生人文素质教育取得成效的根本途径。

一切真知均来源于实践。作为职业院校学生人文素质教育主要内容的人文社会科学知识，是对社会实践经验所做的高度概括和提炼，对职业院校生而言，属于间接经验。对于这种抽象的理论知识，高校教师如果不考虑职业院校生的实际情况，不联系社会现实生活，不但会使学生感受不到理论知识的亲和力和真实感，还会使学生产生"厌烦"心理。因此，抽象的理论须和具体的实际有机结合，通过实践教学弥补职业院校生在一定程度上直接经验的不足，使学生自然、自觉地吸收抽象的人文社会科学知识。另外，理论学习和实践教育是培养当代职业院校生人文知识和道德能力的两个重要组成部分。人文素养、人本精神的培育总是通过一定理论知识影响人的思想而起作用的，先进的、科学的理论不去武装职业院校生的头脑，落后的、愚昧的思想就会去占据职业院校生的头脑。因此，坚持理论教育，向职业院校生系统讲授人文社会科学等方面的知识，有利于提高职业院校生的认知水平和理论思维能力。人文素质教育除了理论讲授，还要注重实践体验，强调知行统一，这也是理论联系实际的一个重要方面。通过组织职业院校生参与人文素质教育实践活动，引导职业院校生接触社会、深入生活，通过参与实践来正确认识和解决现实生活中出现的各种问题，从而提高分析问题和解决问题的能力。实践证明，无论是忽视理论教育还是忽视实践训练都是不可取的。

如何坚持理论联系实际呢？第一，要联系实际，指导职业院校学生人文素质教育中各种理论的形成、发展过程。所谓理论，是从实践中来又经过实践检验的认识，是人脑对客观事物及其规律的正确反应并按其内在逻辑组成的一定体系。科学理论能够揭示社会发展的规律，预见未来，帮助人们把握社会发展的方向和历史进程，能够提供正确认识事物和解决事物的方法。因此，高校教师讲授这些理论时，要综合运用多种方式引导学生确切了解理论的形成、发展过程，用于论证理论的材料必须真实、准确，具有典型意义，还要有说服力，这样，学生理解起来就不会那么枯燥、晦涩、难懂。第二，要联系当代职业院校学生的具体实际。根据职业院校学生的实际情况有针对性地进行人文素质教育，也就是因材施教的方法。由于市场经济和西方社会思潮的冲击，一些职业院校学生不同程度地存在政治信仰迷茫、理想信念模糊、价值取向扭曲、诚信意识淡薄、社会责任感缺乏、艰苦奋斗精神淡化、团结协作观念较差、心理素质欠佳等问题。因此，教师首先要了解学生的这些思想实际，精心准备和运用相应的教学内容、教学手段、表达方式开展人文素质教育，以培育学生的人文素养和精神品质等。另外，联系实际还要了解学生的个体差异、生活状况、专业背景、知识能力等。只有联系当代职业院校生的具体实际，才能最大限度地保证教育的实效性。第三，要联系高校教师的实际。人文素质教育的实效如何，主要取决于教师。如果教师仅仅局限于把理论讲清，把内容讲完，只能使学生理解、明白，未必能使学生有效接受。人文知识、人文精神要做到被职业院校生心甘情愿地接受，教师必须在"情"和"理"上下功夫。教师自身要明理，掌握真理、信仰真理，同时，对教学要有真实的情感投入。人文素质教育要引导职业院校生树立正确的世界观、价值观、道德观，提高职业院校生的人文素养和人本精神，是直接以育人为目的的活动。教师面对的是有血有肉、有思想、有情感的职业院校生，如果教师自身没有饱满的情绪和真挚的情感，学生是很难受到感染而产生接受的内在需要的。如果教师能乐于现身说法，用自己的亲身经历、心路历程例证某些理论，则会产生很大的感染力和说服力。

三、专业教学与人文素质教育相融合

专业教学与人文素质教育相融合，就是在专业教学过程中，使学生掌握一定的专业知识和专业技能的同时，对学生进行人文素质教育，提高学生的文化品位、审美情趣、人文素养及人本精神。专业教学与人文素质教育不是平行推进的，也不是有先有后、分层次进行的，而是有机地融合在一起的。如果教师仅仅单纯地进行专业教学，就不能有效地解决学生的思想困惑、道德困境、做人问题，也就不能提高学生的道德觉悟、人文素养。对高校教师教书育人职责来说，这样的教学不能算是成功的教学。在专业教学和人文素质教育之间考量，人文素质教育也应是"重头戏"，专业教学的落脚点是为培养职业院校生适应社会、学会做人，造福人类的能力服务，教师应以专业教学为载体对学生进行人文精神的培育，把专业知识转化为学生的理论武器和认识能力。意大利诗人但丁曾说过这样一句名言：一个知识不全的人可以用道德去弥补，而一个道德不全的人却难以用知识去弥补。

人文素质教育要遵循人的思想发展规律，融合到各种专业教学内容和方式中，以循序渐进和潜移默化的状态进行。职业院校生人文素质教育融合、渗透到专业教学中去，具有重要意义。其一，可以形成教育合力，产生新的综合性、具有感人气息的教育力量。这种教育合力，可以产生一种"整体大于局部之和"的综合功能效应，人文素质教育融入专业教学中，就等于高校专任教师都参与到人文素质教育工作中，正像恩格斯所说的："许多人的协作，许多力量结合为一个总的力量，用马克思的话来说，就造成'新的力量'，这种力量和它的一个个力量的总和有本质的差别"。其二，可以产生"春风化雨，点滴入土"的效果，促进职业院校生思想发展的良性循环。人的思想都是在知、情、信、意、行五个要素的反复循环中形成发展的，高校人文素质教育实际就是促进职业院校生思想的良性循环发展，通过与专业教学相融合，能让职业院校生在不知不觉中受到教育，在自然熏陶下得到提高，因而可以收到理想的教育效果。

在职业院校生人文素质教育过程中，如何坚持专业教学与人文素质教育相融合呢？第一，要协调好专业教学与人文素质教育的关系，形成合理的系统教育结构。能否坚持专业教学与人文素质教育有机融合，关键在于教师。因为人文素质教育相对于专业知识而言，有其自身的特点，专业知识教育仅仅是让学生了解、知道所授的内容，而人文素质教育涉及的是学生的思想境界、内心世界，通过影响学生心灵，触发其思想转变、心灵净化、境界提升。因此，每一位专业教师都应当明确专业教学并不仅仅是传授完知识了事，还包括育人层面，要提高学生的思想觉悟、精神品质和人本精神。第二，专业教学要紧密联系学生的思想认识问题。随着市场经济的深入发展，我国社会经济成分、组织形式、就业方式、利益关系和分配方式日益多样化，职业院校生思想活动的独立性、选择性、多变性和差异性日益增强。高等学校各门课程都具有育人功能，所有教师都负有育人职责。教师在教学中要注意观察学生的课堂反应，紧密围绕职业院校生普遍关心的重大问题及个别学生的思想认识问题，做好释疑解惑和教育引导工作。这类问题尽可能地在课堂上即时解决，能达到事半功倍的效果。

四、教育与自我教育相呼应

教育是指在人文素质教育中，教师通过一定教学内容影响职业院校生，力图使职业院校生接受教学内容所承载的思想观念、道德品质、人文精神，并内化为自身的品德意识的过程。自我教育就是教育对象自己教育自己，自觉地进行自我剖析、自我管理，主动地接受正确的价值观念，形成良好的行为习惯的过程。教育和自我教育相呼应体现在人文素质教育过程中就是价值引导和自我构建相统一。人文素质教育的关键在于培养教育对象的自我教育意识、自我教育习惯，使其在价值多元化的开放社会中依据教育者所传递的主导价值观进行自我选择和自主构建，并对自己的选择切实地承担相应的社会责任。

坚持教育和自我教育相呼应，符合内化与外化辩证统一的教育教学规律。职业院校生人文素质教育的过程实际上是一种内化与外化辩证统一的过程，因此，要增强人文素质教育的实效，教育者在教育实践中必须遵循内化外化规律，实现内化与外化的辩证统一。一方面，教育者要积极引导和帮助职业院校生接受人文素质教育内容所承载的思想观点、价值观念和人本精神并转化为自己的个体意识，自觉地将这些元素作为自己的价值准则和行为依据，从而为外化过程奠定坚实的基础；另一方面，教育者还要善于引导学生的外化过程，促进学生将个体意识转化为良好的行为习惯，产生良好的行为结果，这就是外化过程。内化与外化是辩证统一的。内化是外化的基础和前提，外化是内化的目的和归宿。高校人文素质教育要顺利地实现学生的内化和外化，离不开教育者的积极影响，悉心指导，更离不开学生主观能动作用的发挥，也就是说既离不开教育，也离不开自我教育，要求坚持教育与自我教育相结合。在人文素质教育实践活动中，教育者的作用是提供一个良好的外部条件，把教育内容所承载的精神实质通过恰当的方式传授给学生。学生的自我教育意识和自我教育能力，需要在教育者的影响下形成和发展。教育者提供自我教育的起点和动力，决定着自我教育的氛围和导向。自我教育是衡量人文素质教育是否有效的一个标志，又是人文素质教育最终落实的归宿。现代社会，自我教育之所以重要，与社会的开放性、价值取向的多元化、思想活动的独立性、选择性加大有很大的关系，这些都增强了职业院校生的主体性，对自教自律提出了更高的要求。

坚持教育与自我教育相呼应，要做到以下几点：第一，要允分发挥教育者的主导作用。要防止和反对人文精神培育的"自发论"。开放、多元的现代社会对高校教师提出了更高的要求，教师要充分意识到自身的责任与使命，以身作则，率先垂范，增强自身的人格魅力，以帮助塑造学生的理想人格。第二，要善于启发、提高受教育者的自觉性和自我反思能力。受教育者的认识活动是一种自觉、能动的思维活动。在人文素质教育实践中，教育者如果重视启发人们的自我意识，重视培养提高人们积极思维的自觉性，受教育者就能在自觉的基础上增强自我教育能力。古人云："学而不思则罔。"讲授给学生的人文社会科学知识没有经过学生的思考、反思，就不能被学生真正掌握和接受，学了新理论、新知识，却不会运用理论思考，不能用来解决自身的实际问题，这种理论、知识就没有转化成相应的能力，也就毫无意义。因此，教师在人文素质教育中必须避免那种以为灌输得越多，效果就越好的误区，应该多给学生独立思考、表达见解的机会和时间，以最大限度地增强学生的自我教育能力和面对复杂社会的应对能力。第三，要充分发挥学生的集体自我教育的作用。集体自我教育是同龄群体通过互相影响、互相启发、互相学习而实现互相教育。集体自我教育的积极作用不容忽视。职业院校生的主体意识较强，对于教师关于人文精神方面的教诲可能会有"抵触"心理和"逆反"情绪，而同学之间，由于年龄相仿、背景相似、兴趣相同，容易沟通并实现共鸣。高校应充分利用条件，开展丰富多彩的第二、第三课堂活动，在活动中激发职业院校生集体自我教育的需要，并以同学之间良好的情感、情绪为保障，把人文素质教育转化成当代职业院校生的一种生存方式和自我发展的内在需要。

第二节　职业院校人文素质教育的途径

要实现职业院校生人文素质教育的目标，达到人文素质教育的规格，就必须明确人文素质教育的途径。人文素质教育的途径是对教育平台、空间、载体的选择和整合。近几年，一些研究高等教育的专家学者提出了"四个课堂"的概念，将传统上以教室为教学阵地的课堂统称为"第一课堂"，以校内教室外的空间为教学阵地的课堂称为"第二课堂"，校外的学习实践阵地称为"第三课堂"，虚拟网络平台称为"第四课堂"。这"四个课堂"的教育功能在高校中是客观存在的，也是重要的、不可或缺的职业院校生人文素质教育的重要平台、空间和载体。要科学地、系统地对职业院校生进行人文素质教育，必须坚持整合"四个课堂"的理念，树立"四个课堂"一盘棋的思想，发挥"四个课堂"彼此互补、合作、协同教育的功能。

一、第一课堂：人格综合塑造

第一课堂是传道授业解惑的主阵地，也是人文素质教育的主阵地。专业教育的任务主要是"授业"，是学习一种"术"；而人文素质教育主要是"传道"，是学习"道"，强调做人与做事的统一，属于精神层面，重点是使学生精神成人，对学生进行人格综合塑造。人文素质教育必须充分发挥第一课堂的基础和核心作用。

（一）突出人本精神的通识教育

就性质而言，通识教育是高等教育的组成部分，是所有职业院校生都应该接受的非专业性教育；就其目的而言，通识教育旨在培养积极参与社会生活、有社会责任感、全面发展的社会的人和国家的公民；就其内容而言，通识教育是一种广泛的、非专业性的、非功利性的基本知识、基本技能和基本态度的教育。

通识教育与人文素质教育虽然有一定区别，但是本质上是相通的，两者最终的目的都是为了人的全面发展。通识教育的目的不在于提高学生专业知识和技能，而是首先学会做人。

通识教育的重要性，首先在于通识教育对完善职业院校生的智能结构、提高他们的审美情趣、加强他们的创造性和适应性、促进他们的和谐发展有着重要意义。和专业教育相比，通识教育传授的是更为基础和普遍的知识，从而是一种更为重要的知识。通识教育不仅关心如何做事，还关心如何做人、如何生活。哈佛20世纪70年代通识教育改革的设计者罗索夫斯基认为："通识教育的好处可能会随着年龄的增加、身心的成熟、世事的洞察和生活的经验而越发显著。最重要的是，通识教育是专业学术能力在其最高层次的实施中所不可或缺的。"其次在于通识教育追求人全面发展的教育本然价值。作为一种教育理念，通识教育起源于亚里士多德提出的自由教育——强调发展人的理性、心智以探究真理。作为对时代和社会变迁的一种反映，尽管通识教育的名称和内涵会随着时代和社会的变迁有所变化，但不变的是它对教育本然价值的追求，这个价值就是人的全面发展——强调把受教育者作为一个主体的、完整的人而施以全面的教育，使受教育者得到自由和谐的发展。再次在于通识教育对培养创新型人才有十分重要的作用。通识教育的目的不在于教给学生多少具体的知识，而是教会学生学习方法、思维方式，让他们学会怎么去自主学习，怎么进行独立思考。通识教育的任务，就是让学生通过学术的熏陶，养成科学和文明的精神，从而具备理性的力量，使学生能够获取独立、自由的精神走向社会。通识教育的目标是培养完整的人，即具备远大眼光、通融识见、博雅精神和健康情感的人，而不仅仅是某一狭窄专业领域的专精型人才。最后在于通识教育可以拓宽视野。在通识教育模式下，学生通过融会贯通的学习方式，综合、全面地了解人类知识的总体状况。学生在拥有基本知识和教育经验的基础上最后理性地选择或形成自己的专业方向，同时发展全面的人格素质，以提升人的生命价值及生活品质。

通识教育的有效载体是通识课程，因此，一个完善的通识教育体制还应包括合理的通识课程设置。通识课程首先应该按照教育主管部门的要求开设好思想政治理论课、英语、体育、计算机等必修课程，此外还应设置包含人文知识、自然科学知识、社会科学知识三个方面的选修课程。虽然通识课程涉及的知识面已经远远超过了人文知识的范畴，但是其最大的优点就是通过广博的、多领域的知识传授来开阔学生的视野，从而提升学生的人文素质。要发挥第一课堂的作用就必须本着加强学生全面素质、创新能力、个性发展的培养原则，构建一个科学的通识课程体系。

从当前高等教育的现状来看，通识课程至少应包含以下8个系列：

文学、艺术教育：含中外文学经典赏析、艺术欣赏、美学概论、影视欣赏等课程。主要在于发挥文学、艺术得天独厚的人文优势和美育功能，从作品中体现的人格精神、深挚情感和形象意境等方面陶冶学生的情操，铸造学生品格，开发形象思维，进而培养学生的创新意识和人文精神。

历史、哲学教育：含中外简明史、中西方哲学史、马克思主义哲学等课程。主要在于培养洞察社会，认识事物规律和本质的能力，并培养学生科学的思维方式和求真务实的探索精神。

心理、健康教育：含心理学概论、青年心理学、创造心理学、职业院校生健康教育等课程。主要在于培养学生良好的心态和健康的心理，引导学生探索新知、勇于质疑的创新思维，努力培养学生的创新人格。

科学、技术教育：含科技发展概论、现代媒体与传播、信息采集与发布等课程。主要在于加强学生对科学技术工具性价值的理解与把握，弘扬科学精神，提高职业院校生的科学素养和科学探究精神。

社会、文化教育：含社会学、中外文化概论、中国传统文化等课程。主要在于加强职业院校生对社会关系、社会行为、文化发展、文化功能的认知和理解，培养学生的社会责任感、文化归属感。

　　管理、法律教育：含管理学概论、法律基础等课程。主要在于让学生掌握必要的管理学知识和法律知识，培养现代管理理念和民主法制意识，以更好地适应经济社会发展和个人可持续发展的需要。

　　语言教育：含演讲与口才、社交礼仪等课程。主要以书面语言和口头语言的综合应用为训练核心，着重培养职业院校生在做人与做事等方面的技能与技巧。

　　综合教育：含职业规划、学习学等课程。主要对职业院校生的学习和生活给予理论上的指导和实践上的探索。

（二）蕴含人文气息的专业教育

在专业课教学中渗透人文精神、蕴含人文气息，并不是要求专业课教师必须讲授人文知识，而是指在专业教学中要向学生介绍学科产生发展的历史及前辈为该学科所做的努力而产生的科学精神；鼓励学生思考，培养学生的科学精神和创新意识；把人生观、价值观、思维方法、思想作风、治学态度传授给学生。

目前我国职业院校教育仍然以专业教育为主，通过专业训练，养成专业素质，其主体是科学知识和科学文化的教育。因此，实施人文素质教育的关键和支撑点就在于挖掘专业本身所蕴含的人文精神，教会学生正确做人、做事、做学问的态度。教育必须以科学教育为基础，同时又必须以人文精神为价值导向。

1. 寻找专业教育与人文精神培养间的"视界融合"点

这里的"视界融合"，是指任何学科思想的发展都不是封闭、孤立的，而是在时间的流逝中进行交流，师生会在这种交融中形成新的理解。科学与人文虽然有各自的内涵，但在精神这个最高层面上，两者是统一、融合的，都是对人的灵魂的教育，而非理智和知识的简单堆积，"化性为德"是它们共同的终极目标。所以，把专业教育的某一具体内容进行理性抽象式的"问题化"设计、分解，使之具备人文精神方面的创造性、分析性、思辨性和批判性等特质，既能使专业教育与人文精神培养相融合，又能与学生达成主体理解的"视界融合"点。

2. 探索在专业教学中渗透人文教育内容的方式

在专业课教学中渗透人文精神，并无明确的一成不变的做法，不同的课程可以有不同的组织结构和传授重点、不同的传授视角与传授方式。重点可以通过以下几点来实现：

第一，通过科学哲学教育，使学生树立辩证唯物主义的基本观点和正确的发展观、价值观、自然观等，注意把科学的内容融入科学知识的理解、形成和应用的过程之中，为学生提供一个认识科学进步的辩证发展背景，以利于学生透过对科学知识的学习，学会用辩证统一和联系发展的观点研究科学的基本问题。同时，在教学中，教师要引导学生将科学与人类、自然、能源、环境等紧密联系起来加以综合研究，使学生学习和掌握认识科学、认识自然的基本方法，养成关心人类、保护自然的行为习惯，树立正确的自然观。

第二，将相关专业的科学方法论和科技发展史纳入该专业课的范围，培养学生思考问题的方法。科技发展史可以使学生领悟到科学活动是活生生的人的活动，科学的理论和知识是由人所创造的，不仅是人智力的结晶，也是情感和意志的产物，凝聚了科学工作者的理想与追求，也是他们崇高品质的体现。这样在科学知识呈现在学生面前的同时，也使他们的价值追求和精神气质得以复生，人在科学知识中被凸现出来，科学知识也被赋予人性。此外，每个专业领域都有自己的研究方法，将知识、方法及其发展历史结合起来，建立综合性的课程结构，确定共同的学术目标，可以将科学与社会、知识与责任、专业与历史联系起来，给学生更加广阔的视野，促使职业院校生对那些在人类发展进程中起过重大作用的科学事件和思想，从学科起源、本质、发展及其社会应用价值和由此产生的伦理和社会问题的角度进行思考。

第三，加强科学精神和科学道德的培养。爱因斯坦在纪念居里夫人时说过："第一流人物对于时代和历史进程的意义在其道德品质方面，也许比单纯才智成就方面还要大。"在专业课程内容教学中，介绍学科发展中优秀科学家献身真理的感人事迹，以激发学生产生崇高的正义感与社会责任感；介绍学科中与当前国计民生密切关联的知识，以激发学生献身于造福人类与社会的热情，所有这些在帮助学生掌握人文知识、培养人文素养方面都起到了很好的作用。同时，穿插一些科学发现的故事，向学生揭示自然奥秘是如何被揭开的、怎样提出问题、怎样解决问题、中间有些什么磨难，等等，都会极大地鼓励学生从事科学研究的热情，帮助他们树立高尚的科学道德，掌握一定的科学道德规范，树立对国家、社会、科学的责任感、正义感和荣誉感，形成学生良好的科学伦理意识。

第四，提高专业教师的人文素养。由于施教者是教师，首先应当要求专业教师具有较高的人文素养，认识到在自己所从事的专业领域里充满着人文因素，并能潜移默化地在自己的教学中用这种人文精神感染和熏陶学生。为此，应该鼓励专业教师通过多种途径来提高自己的人文素养，尽可能多读一些古今中外的文、史、哲、艺方面的名著，寻找科学中本身就蕴含着的深刻的人文精神，想得"大"些、"广"些、"深"些，注意在教学中加以贯穿。

（三）外化行为模式的实验实训体系

实验实训是实验教学和实训教学的统称。实验是为了解决社会和自然问题，而在其对应的科学研究中用来检验某种新的假说、假设、原理、理论，或者验证某种已经存在的假说、假设、原理、理论而进行的明确、具体、可操作、有数据、有算法、有责任的技术操作行为。实训则是专业技能实际训练的简称，是指在学校能控制的状态下，按照人才培养规律与目标，对学生进行专业技术应用能力训练的教学过程。

实验实训是高等教育重要的培养途径。在人文素质教育中，实验实训也发挥着重要的作用，是整个人文素质教育教学过程中理论联系实际、培养学生实践能力的重要环节之一。

其实，实验实训中蕴含着丰富的人文素质教育内容。

其一，通过实验实训树立人与自然协调统一的观念。现代科学自然观是整体论和有机论的统一，它坚持人与自然的相互限定、相互依赖和相互包容，坚持人与自然的密切联系，它们是内在统一、不可分离的。如果通过实验实训将科学主义和人文主义有机联系，这必将有助于人与自然和谐统一自然观的形成。通过实验实训，掌握大自然规律，将来更好地利用大自然，使大自然为人类服务，通过物质组成、结构、功能、运动、规律的教学，使学生得出世界是物质的、物质是运动的、运动是有规律的等辩证唯物主义观点。

其二，通过实验实训了解人与社会的关系。科学包括基础科学、技术科学和应用科学，它们具有内在的联系，有许多实践领域能用科学知识和价值观分析一些社会问题，如人口、能源资源、生态环境问题，并做出正确的决策。

其三，通过实验实训学会正确处理人与人之间的关系。实验实训中有许多涉及接触自然、了解社会、培养团结协作精神以及社会活动能力的内容和环节，在收集处理信息、获取新知识以及分析解决问题过程中，必然要与人合作交往，创设良好的人际氛围，只有这样，才能收到较好的教学效果。

其四，通过实验实训加强学生的爱国主义、辩证唯物主义的教育和培养。通过实验实训可以帮助学生了解中国在自然科学方面取得的伟大成就，从而激发学生的爱国主义精神，激励他们献身科学，立志为国争光。实验教学中所体现出来的科学态度、唯物史观、合作精神、遵守纪律、爱护公物、环保意识等，都是典型而又实际的德育。如果教师因势利导，通过实验做相应的思想教育工作，不仅可以激发学生爱国、爱科学的热情，而且也有助于学生树立攀登科学高峰、振兴中华的远大志向。因此，教师在实验教学中，应注意结合自己所教学科的特点，发掘其中蕴含的思想教育题材，以提高学生的整体素质。

其五，通过实验实训培养学生的科学精神。做实验可以引导学生探索科学知识，掌握相关的技能，学习科学的学习方法。由于教学中的实验往往就是教材上的难点内容，因此，通过实验有助于学生突破难点，将感性认识上升为理性知识。在做实验的过程中，能培养学生实事求是的学习态度、一丝不苟的工作精神及良好的生活习惯，从而提高学生的综合素质。通过对观察、分类、归纳、科学实验、科学调查等的介绍，引导学生建立参与意识，积极探讨现实问题，让学生理解科学研究工作是如何进行的，科学成果是如何获得的，科技工作者是如何建立自己的价值观、世界观、知识观的，从中培养科学态度、科学精神。

应该从以下方面着力构建蕴含人文精神的实验实训体系：

其一，在实验实训目的上要注入人文素质教育元素。当前，科学教育中普遍存在忽视人文素质教育目标的现象，重教育的知识性、轻教育的人文性；重教师主导、轻学生主体；重科学程序、轻灵活变通；重理论知识的传播、轻情感经验的积累；重理智控制、轻情感沟通等，这势必难以收到良好的教学效果。因此，要加强人文素质教育，首先就要确立正确的教学目标，充分发挥科学的特点及其多元价值，重视学生知识、技能、心理、文化、审美等方面的差异，明确人文素质教育目标，加强教学过程人文环境意识，使科学教育与人文素质教育有机融合。

其二，在实验实训内容上挖掘人文因素。实验实训内容不仅是一个科学知识的逻辑体系，更重要的是通过知识反映出它包含的科学思想方法，反映其文化价值，充分挖掘自然科学的人文因素，创设情境诱发学生的学习兴趣，激发学生的灵感，尽可能地结合教学内容开展艺术、审美教育，注意教给学生学习中华民族文化、汲取民族精神的方法，培养学生的竞争意识、合作精神和坚强毅力；通过挖掘人文因素，使学生学到坚定的科学信仰、实事求是的科学精神与严谨、严密、严肃的科学态度。

其三，在实验实训中强化人文环境建设。要将人文精神的培养落到实处，必须高度突出实践的教学环节，创设民主、开放、活泼的情境；保证学生自探、自求、自创的时间，体现学生学习主动性、灵活性、创造性，实现教学的民主性、启发性、多样性。为此，在教学过程中应努力做好教师与学生、学生与学生之间的交流与沟通，大胆地把信息技术和心理科学的成果应用于教学改革实践，根据实验实训教学特点和人才成长的需要，建立活动式、参与式、发现式、探索式、创造式的人文素质实验实训体系，引导学生独立思考、敢于争辩、勇于探索和实践，使学生的科学知识、技能素质和人文素质得到自由、充分、和谐的发展。

其四，不断改进实验实训方法，注意体现科学中的人文价值。在实验实训过程中引导学生体验人类追求真善美的精神，感受生命的意义和生活的真谛。在实验实训中的求"真"教育，主要体现为科学精神的培养和求真方法的教育，具体体现为科学探索的热情、勇气，相互合作的精神和献身于探索真理和捍卫真理的精神，掌握探索真理的方法、技能，培养学生的创造性。求"善"教育主要是指通过对学生的道德认识、道德情感和道德能力及道德责任感的培养，使学生自觉地养成善待生命、善待自然、善待科学、善待技术的世界观和方法论，用人文精神中的"善"去抵御科学发展带来的"恶"，用"可持续发展"的理念去追求人与自然的和谐共处、协调发展。在实验实训中，教师还应注意"美"的教育，一方面教师应善于从纷繁复杂的科学理论中发掘、提炼出简洁、整齐、对称、有序的科学美，对学生进行审美教育；另一方面，应让学生明确美与真的联系，美可以用真，形式美可以成为科学家的一种直观判断，有助于科学的发现，良好的审美能力可以促进科学创造。

实验实训的着眼点和落脚点已不是知识、理论本身，而是营造一种现实的场景、单纯的氛围，帮助学生理解、感受和领悟，通过观摩、对比、分析、思考、评估，使之做出适宜的行为选择，并在多次重复中得到固化，逐步成为思维定式和行为习惯。

二、第二课堂：校园文化洗礼

第二课堂是第一课堂的补充和延伸，主要体现为师生共同设计参与的校园文化活动，以及营造的特定文化氛围和精神环境。一所现代化的职业院校，必须有很高的文化品位，构筑一个富有活力的高尚的文化环境，形成一个朝气蓬勃的浓厚的学术氛围，充满着求真的科学精神与求善的人文精神，教育人、启迪人、感染人、熏陶人、引导人,"和而不同",充分调动人的主体的自觉性与积极性,滋润着优秀人才的成长。因此,良好的校园文化,可以发挥环境氛围对人的潜移默化的洗礼作用,同时展示独特的人文精神。具体表现为以下方面:

(1)物质文化。物质文化形态是校园文化氛围的外在标志,是育人的物质基础。校园里建筑布局、绿化卫生、创意雕塑与人文景观的设置,构成了校园的物质文化形态,这是校园形象和精神风貌的物质依托,它所蕴含的"精、气、神"体现了一个学校的文化内涵,对于增强凝聚力、陶冶情操、享受美感、塑造心灵、升华精神起着极其重要的作用。职业院校生每天都生活在校园中,环境的变化与他们的切身利益息息相关,要利用好校园的绿化、美化,使校园环境的主题充满人文教育的文化品味,为人文素质教育服务。

(2)媒体文化。媒体文化形态是校园文化氛围的直接体现。它包括校报、校刊、广播、电视、画廊、黑板报、宣传标语及校歌、校训等。发挥大众传媒信息量大、覆盖面广、影响力强的优势,对学生将产生直接而深远的影响,有利于提高学生的道德水平和思想境界。各种格言警句醒目地挂放在广场、花园、草坪、教室中,每个局部环境都与整体人文环境相映衬,内容与形式协调一致、美观大方、富于艺术感,洋溢着文明、健康、奋进、向上的氛围,对学生产生有效的浸润、熏陶作用。

(3)文化活动。文化活动形态是校园文化氛围的内在表现。它通过各类的演出、竞赛、讲座、沙龙等形式,让学生在其中发挥自己的特长,发展自己的个性,不断增强自信,勇于创新、勇于竞争,经受挫折和磨炼,不断优化自己的思想心理素质,从而促使自己综合发展、全面提高。

(4)精神文化。精神文化形态是校园文化氛围的灵魂所在,也就是常说的"职业院校精神"。它主要体现学生在各种校园活动中所表现出来的特有的风格,涉及学生理想的追求、观念的转变、道德的修养、人格的塑造、行为的自律、心理的优化、纪律的约束等各个方面,从而成为激励学生向上的精神力量,虽然不像学科课程组织得那么严密，但它时时处处都在影响着学生，不知不觉地渗透在学生的意识中。当前的职业院校教育应该营造氛围，通过开学典礼、毕业典礼、校史教育、校园电子地图等具有特殊教育意义的形式，让学生由知校而爱校、由爱校而誉校，由此不断丰富校园的人文内涵，对学生进行"人文洗礼"。

为配合人文素质教育，校园文化氛围的营造可以从以下几方面入手：一是开展广泛的读书活动，督促学生"读好书、精读书、会评书"，学校依据学生年级和专业的不同推荐人文学科阅读书目，并由教师予以引导，培养学生的人文底蕴。二是邀请校内外知名专家学者举办文、史、哲、艺等人文素质教育讲座，引导学生热爱知识，追求真理，端正人生态度。三是积极开展各种校内学习活动。人文知识的积累主要依靠学习，但知识内化为人文精神主要靠学生的体验和领悟，这些都需要在实践过程中完成，一方面是通过各种学生社团展开，另一方面还有集体组织的青年志愿者活动、社区援助活动、勤工俭学活动和社会调查活动等。四是适时开展相关探索创作竞赛活动，引导和鼓励学生的人文志趣，开发展示其人文特长，锻炼提升其人文素质。学校要为学生各种实践活动的开展提供必要的条件，鼓励学生社团的成长和学生参与实践的热情，并予以适当的指导。

三、第三课堂：行为践履强化

校外社会实践向来被称为高校的"第三课堂"，这个课堂既是求真的过程，也是获得体验、熏染感情的途径。职业院校生通过实践活动，既可以检验、应用所学知识，又可以开阔视野，锻炼各种能力，从而提高人文素质和科学素质，达到文化重建自我与社会本质要求的统一。因而，走出校门投身社会实践活动，让各种人文知识积淀接受社会现实的检验和磨砺，有助于内化精神世界，促进其人文素质外化为行为。

其一，社会实践可以使职业院校生对当今社会的现状有一个理性的认识，了解国情、社情、民情，吸取时代精神的养料，批判更新各种不合时宜的观念和行为模式，有利于从整体上提高职业院校生的人文素质。

其二，社会实践可以使学生在实践中认识社会、改造自我、促进自身健康发展，反思人生价值观念，促进自我意识成熟，以达到人文素质培养与人文精神提升的最优化。这有赖于开发利用各类社会实践活动在学生自我表现、自我教育、自我管理、自我提高过程中的积极作用。

其三，社会实践可以帮助学生增强求知欲和责任感、使命感，在具体的工作环境中锻炼实践能力，培养敬业精神，加强文明修养，培养服务意识和奉献精神，并运用所掌握的知识为社会服务。反过来，此过程有利于加深学生对当今世界政治、经济、文化、社会等问题的理解。

其四，开展社会公益等社会实践活动，有利于深化课堂教学，拓展人文教育的空间。从某种意义上说，这种来自现实社会实践的人文教育比在学校的教育更直接、更深刻，也更持久，更能有机地将感性教育与理性教育结合起来，让学生在同民众的交往和参与社会公益活动中，吸收传统道德的精华，养成善德，锻炼善行，具备善心，学会理解人、与人沟通与协作，在活动中培养职业院校生的公德意识和良好情操。学生通过公益活动，不仅熟悉自然的、人为的或社会的工作对象，学会如何分析问题和解决问题，学会如何做事，而且还可广泛接触不同文化背景、不同文化习俗的人群，学会进行跨文化交流与合作，学会与人共处。在这样的实践活动中，学生通过交流、比较、思索、磨炼，就能逐步建立起健康的思想感情和合理的价值观念，使自己成熟起来。

其五，社会实践可以巩固和加深学生学习到的各种知识、扩展职业院校生的知识面、发展他们独立思考的能力，更重要的是可以让学生在实践中提炼和强化人文素质的行为，发现、验证和发展社会行为，强化行为践履能力。

第四课堂是在"三大课堂"基础上衍生的一种网络虚拟课堂。在当代，随着以计算机、通信技术和信息技术为支撑的电子信息网络在全球的高速发展和日臻完善，网络早已不只是一种简单的信息传递工具，它参与了现实社会生活的构建，为人们塑造了一个新的社会生活环境，使人类正在踏入一个新的实践空间——网络空间。在网络空间里，人文精神的发展不仅迎来了前所未有的机遇，同时也面临着极其严峻的挑战。就目前来看，当代职业院校生由于存在对网络价值、网络社会规则及其特点认识的不准确，导致在网络社会中价值标准失范、道德评判弱化的问题。要改变这种现状就必须切实加强职业院校生网络人文素质教育。

高等学校网络人文素质教育的基点是为学生指明积极向上的网络应用方向，提升他们的网络社会境界，陶冶他们的网络情感，帮助其了解网络社会，认清网络世界中的自我，从而形成内化于主体精神深处的网络人文品质，对网络社会的正确认识和责任感，引导学生的网络行为，使其更好地游走于网络社会的同时学会认知、学会做事、学会共同生活、学会生存。网络人文素质教育的内涵应该是更为具体、丰富和现实的，应当是生动活泼、贴近社会实际、贴近生活、贴近学生的，要针对职业院校生网络人文素质缺失的主要表现而有所取舍侧重。

开展第四课堂人文素质教育，要做到以下几点：

其一，实现网络历练，首先要认知与把握"网络之真"和"网络之善"。"网络之真"和"网络之善"在于其基本精神即所谓自由、平等、资源共享。互联网本是一个推崇开放的世界，包容了多种文化元素，吸引了全球数亿人的眼球。它的出现让人们有可能更方便自由地了解自己想要了解的资讯，最大限度地延伸自己的眼界和生存空间。这一切如果没有诚信作为基础是无法达到的，因为网络所体现的是无边的、开放的、变化的、分工却又相互协作的互动关系，这种关系是自由、平等和真诚的。交流是网络的真正精神，只有以这样的精神为指导，对话沟通才成为可能，才能最大限度地解放人的精神世界，才能创造出新的思想和新的思路。职业院校生只有做到对"网络之真"和"网络之善"的准确认知与把握，才能形成对网络社会的责任感，才会转而自觉地共建和维护现实社会的"真"和"善"。

其二，实现网络历练，要对网络中的观念和行为加以有效引导。美国著名社会学家曼纽尔·卡斯泰尔说，信息技术的发展使得"地域性解体脱离了文化、历史、地理的意义，并重新整合进功能性的网络或意向拼贴之中，导致流动空间取代了地方空间。当过去、现在与未来都可以在同一则信息里被预先设定而彼此互动时，时间也在这个新沟通系统里被消除了"。其结果是，"流动的空间"与"无时间的时间"正在成为新文化的物质基础。网络中哪些信息能陶冶我们的思想和情操？哪些信息对我们是健康有价值的？哪些是虚假不可信甚至是陷阱？应当怎样辨别、剔除糟粕，取其精华、去伪存真？当代职业院校生无法回避这个问题，需要在网络人文素质教育中加以重视和引导。

其三，实现网络历练，要着力于职业院校生网络道德的培养。网上的一切活动以及人们的道德和文化素质难以跟上数字化的发展。网络的虚拟性使网络社会中的道德具有非控性、开放性、自主性、多元性，现实生活中的传统道德准则无法约束网上言行，易导致职业院校生网络道德意识低下，也将对职业院校生的传统道德观念及日常行为产生较大的负面影响。所以高校网络人文素质教育应阐述传统道德与网络道德的关系，明确网络道德是传统道德的发展和延伸。每一次网络言行都是在营造新的网络文化，因为既然网络和现实生活有关，所以网络本身所具有的人文精神，就一定会与现实生活的某种方式有联系，数字化时代的到来和数字化所能提供的生活方式，都不能独立于现实生活之外。网络既然是高度发展的文明社会的产物，它就必须有文明发展的规则。要通过网络人文素质教育使高尚的网络道德行为准则深入人心，以指导职业院校生文明上网。

其四，实现网络历练，要加强对职业院校生网络心理的疏导。网络在给职业院校生带来积极影响的同时也可能对其生活方式、心理行为产生负面的影响。因过度使用网络而导致诸如情绪障碍、社会适应不良等心理行为问题日益增多，引起了社会的广泛关注。保持健康的网络心理，已成为职业院校生心理问题的一个焦点，也是高等教育工作者所面临的新课题。所以高校网络人文素质教育必须重视网络对职业院校生心理发展与健康的影响，适当干预网络性心理障碍，破解网络性心理障碍的成因、危害，研究解决如何预防网络心理问题等。

其五，实现网络历练，要力补职业院校生网络法律观念的缺失。尽管网络是虚拟空间，但其中的行为仍然是实在的，丝毫没有脱离开人类社会，只是具体行为方式发生了改变。因此，网络上的任何言行都必然受到现实中的法律制约。网络法律问题产生于网络的应用之中，职业院校生在网络上也应有法律意识。近年来，网络所反映出来的法律问题呈上升趋势，有关网络的案例不断发生，这与上网者的网络法律意识普遍淡薄不无关系，而法律意识的缺失归根结底在于人文素质的缺失，故可以用人文素质与网络法律意识相配套，使得两手抓、两手硬。

第三节 职业院校人文素质教育的方法

人文素质教育方法是教育者为了实现人文素质教育目标，传递人文素质教育内容，对受教育者采取的思想方法和工作方法。人文素质教育的方法有宽有窄、有点有面，涉及方法论方法、研究方法、教学方法、学习方法等，本章不一一赘述。前述人文素质教育的原则和途径，实际上也是一种人文素质教育的方法，是人文素质教育的一般方法和基本方法。本节着重从教育者角度，从教育内容入手，就实施教育的方法进行阐述。主要包括学科交叉法、中西融合法、古今搭桥法和就地取材法。

一、学科交叉法

所谓学科交叉法，是指在人文素质教育过程中教育者充分挖掘和整合不同学科中有利于受教育者丰富人文知识、提升人文素质、形成人文精神的素材的方法。即高校教师在实施教育时需有多学科的视域，从学科上进行比较透彻而全面的领会和思考，并聚焦于文与理、文与文等不同学科的交叉结合部，从中研究寻找人文素质教育的素材和资源。

学科交叉是科研思想的来源。因为传统单一学科发展到一定时期，会遇到瓶颈甚至极限。当代科学技术发展的一个重要特点是综合化和交叉发展，许多新学科都是在两个或多个学科的交叉点处生长和发展起来的。随着学科交叉融合的进一步加快，科学家再不能局限于本学科领域方面单纯的研究，必须注重跟其他学科领域的科学家共同探讨、共同发展、交叉融合、共同合作，将一个学科发展成熟的知识、技术和方法应用到另一学科的前沿，能够产生重大的创新成果。

学科交叉也是人文素质教育的方法。高明的教育者善于利用自身积累的知识优势，发展学科交叉的切入点，及时开辟新的教育内容和方向。更新教育内容意味着突出现代、反映前沿、追踪发展和学科交叉。教育者不能只看自己所在学科的教材和图书，而应关注相邻学科及其结合部，不断学习相关学科和交叉学科知识，建立交叉学科教学项目，着眼从单一学科角度无法充分分析的主题的学习研究，形成一种学科交叉的教育视角。

学科交叉方法的长处有二：一是有助于教育者扩充教育视域，更新教育内容，提升教育层次，达到人文素质教育的新颖性、前沿性、学理性；二是有助于受教育者即职业院校生培养学科交叉的思维习惯，赋予未来的公民和领袖以足够的知性，分析、评价及综合不同来源的信息以做出合理的决定。

对学科交叉方法的质疑主要集中在认为这种方法缺乏综合性，即教育者选取多学科的视角，却没有充分的指导以克服学科间的冲突，获得对问题的综合认识，且只有少数学生才具备所要求的知识和智力的成熟性。对这种方法的质疑虽值得重视，但不可因噎废食地加以否定。

二、中西融合法

中西融合法是指人文素质教育者充分挖掘和整合中国与外国文化中精华部分和积极因素，获取人文素质教育素材的方法。

一个职业院校的人文素质教育承担着传承和光大民族文化传统的责任。这种传统的伟大之处之一即在于帮助参与其中的人们将传统生活化、日常化，从而建立属于自己的文化认同。而文化认同的建立应该有海纳百川的胸襟，而且往往是像卡尔维诺在《为什么要读经典作品》中指出的那样，从经典文本教育开始，然后逐渐向历史哲学延伸，向古今中外纵横，也就是钱钟书先生提倡的古今中外的打通。"打通"目的旨在创造扎实的学术基础、健全的人格及有趣味的文化生活。

然而人文素质教育的全部功能不仅仅在于传承培养传统、建构文化认同。在了解传统、确立自己的身份之后，反过来更有可能鼓励文化多元，培养国际视野。尤其是当中国学府、学生出现在国际交流的舞台上，便更加迫切地需要接受人文素质教育并以此了解"文化多元"的意义。合格的人文素质教育带来的文化认同，在全球化的语境下，多多少少带着"文化多元"的色彩。

因此，中国的人文素质教育者应关注西方通行的现代科学教育与人文素质教育的融合的精髓，引导学生主动发现所在学科的人文性，欣赏国内外名家的人文论述，开发具体学科中的人文内涵，是培养学生人文精神的有效途径之一。在教学过程中，可以结合教学内容向学生展示中外学者对学科知识、实践的人文性的不同观点。由此，人文内涵是将其合理地搁置于现代学科教育的框架之内，作为专业教育活动的一种有机构成要素被吸收、消化、融合。

三、古今搭桥法

古今搭桥法是指人文素质教育者以传承和扬弃的态度，从历史典籍和传统文化中充分挖掘和整合不同历史时期人文素质教育素材的方法。

有人说"通于古者窒于今"，也有人认为知今便难通古。而如果能融会古今，善于在历史与现实之间来回穿梭，则可能通古今之变，成一家之言。

首先要知古守根。现实是历史的延续，它本身也要演变为历史。在很大程度上，人文素质教育必须回归、再造传统，到历史中去寻找可资批判继承与参考借鉴的人文遗产。作为一个有着悠久历史的文明古国，中国传统文化中有着取之不尽的人文素质教育资源,产生过众多杰出的圣贤,他们怀着卓绝的理想,持有坚定的信心,表现出了自强不息、超凡脱俗的精神境界。重新激活这些资源,让它们在现代职业院校的人文教化中发挥作用,是现代教育弘扬人文精神的重要内容,也是富有时代意义的课题。在现代汪洋似海的职业院校校园中,应保留教育理想,使人文素质教育有憩息、舒展、生长的空间,从而为职业院校保留一片学习园地。

其次要知今守望。要把人文素质教育与当代社会现实及职业院校生实际紧密结合起来,从实际出发,根据学生知识结构和接受心理,有计划、有针对性地进行循序渐进的教育,并在教育方式上有所调整和创新。在教学内容上,要打破传统的程式化条块分析模式,注重挖掘人文精神,使学生在潜移默化中受到优秀古典人文精神的熏染,将传统文化与学生人文素质培养结合起来,充分发挥人文素质教育的功能,用传统文化的麟髓凤乳滋养学生的精神生命,使其内化为学生的精神品格、气质修养。在教育手段上,要采用现代教育技术来普及传统文化,一些古典人文作品可能文字艰深,不宜全盘口述,而以图像、声音、动画配合文字,则更有助于加强教学的直观性和生动性。以图而言,中国古代丰富的文化遗迹,如甲骨、帛书、绘画、雕刻、封建王朝的疆域版图;以声而论,如诗词诵读、古曲演奏、古典戏曲片段等,都会得到生动直观的展示,从而增强教学效果。让学生在接受西方文明的同时感受到与之相比毫不逊色的中国优秀传统文化,掌握学术知识之余也提高自己的精神修养,其作用是"润物细无声"的。

四、就地取材法

就地取材法是指利用当地文化资源进行人文素质教育的方法,即高校教师在实施教育时应注意发掘本国、本省特别是本地本校的教育资源,选取靠近师生身边的典型文化载体、事件、人物,加以去粗取精、去伪存真、由表及里的分析评判,以达人文素质教育特定效果的方法。

传统文化中的各地地方文化，如乡土地理、民风习俗、历史人物、生产和生活经验等，是中华文化的重要组成部分，是中华文化形成和发展的土壤。正如著名民俗学专家陈勤建教授所说："我们民族文化的 DNA，存在于民俗、民间文化之中。"地方文化对地方的人来说，就是基因文化，它具有独特性、亲切性、实践性。利用地方文化资源，有利于建构以人文素养为目的的课程体系；有利于焕发出融入灵魂深处的文化基因；有利于在文化的继承与发展中形成各自特色。在高校人文素质教育中，地方文化资源应该值得我们去发掘和利用。

利用就地取材法，可以实施一种内容极为广泛、密切联系地方实际的有鲜明地方特征的人文素质教育。可依据当地的政治、经济、文化、民族等发展需要，利用地方人文资源而开发，反映地方社会发展实际及其人才培养的需求，实现与学生的现实生活发生多方面的、多层次的联系，重建学生的精神生活，真正赋予学生生活意义价值，让学生成为学习活动的主体、个体生活的主体和社会活动的主体。

由于各地经济文化发展的不平衡和自然环境的千差万别，城市与农村、发达地区和欠发达地区的教育资源的拥有量也不相同。因此要尽可能就地取材，选择资源方向、确定指导力量、获得信息资源的途径，制定合适的办法。从贴近生活、贴近社会、贴近学生出发，丰富和修订教育资源，突出中华民族的优秀传统，同时从文史哲等方面精选学习主题，让学生在走进自然、走进社会、走进人生的过程中，学会正确处理个人与自我、个人与自然、个人与家庭、个人与社区、个人与学校、个人与国家、个人与世界的关系，逐步形成正确的人生观和价值观。

在此过程中可以开发、利用以下资源：地方人文资源，如文化古迹、革命历史遗址、风景名胜、民俗民风等；专业职能部门或机构的资源，如大专院校、科研机构、企事业单位的专家、学者、研究人员及相关设备等，实现多种资源的交融；文献资源，如电影、电视、广播、录音带、录像带等音像制品；社区文化机构资源，如博物馆的收藏品，书店、图书城的书籍、刊物、报纸等；科普教育职能机构的资源，如省市、地县（区）科协、学会的专家、青少年活动中心等校外教育基地的教师及设备等；大众视听传媒资源，如博物馆、体育馆、美术馆、文化宫、展览馆、公园等；电子信息资源，如计算机网络、多媒体课件等，实现资源共享。

在就地取材法的实践中，从第一课堂来说，可通过在人文素质课程体系中增加地方文化选修课、在编写有关人文素质课程的教材中利用地方文化素材、在人文素质课程教学过程中融入地方文化元素及鼓励和引导学生自主探究地方文化精髓等方式让地方文化资源"进课堂"，从而优化人文素质教育课程结构，丰富教学内容；从第二课堂来说，可通过开展以地方风情为题材的书画、摄影竞赛和作品展，组织以民俗采风为内容的征文比赛和文学交流活动，将地方民歌、地方剧种搬上校园舞台等方式让地方文化资源"进校园"，从而丰富校园文化内容，提高活动吸引力和学生的参与热情；从第三课堂来说，可将社会实践活动和地方文化资源结合起来，开展"三下乡""四进社区"活动，有针对性地安排学生深入农村、深入地方、深入地方名胜古迹，面对既熟悉而又从未深究的地方文化，让学生去观察、考察、调查、体验、访问，为学生提供更为实际、更为真实的学习情境，将书本知识与学生生活、社会实际有机地整合起来，操作起来既经济又简便易行。

实施就地取材法要求查阅相关资料，查检出有关地域人文、文化习俗等史料；通过社会调查访问、实地考察和上网等方式收集材料，并对这些资料进行初步的筛选、摘录和整理；走访村镇中的老人、群众，了解相关古老传说和奇闻逸事。这样积累起来的大量的直接或间接的资料，由于比较原始，需要对这些材料进行整合，使之与学生的实际和教学的实际相符合；将学生收集到的资源进行整理，并对这些资源按照一定的类型和逻辑顺序进行组合、整编和归类，使之更加有效和有序。通过这种手段，把来自各个渠道的资料加以考证、比较、增删等，以达到去粗留精、去伪存真，使之更具系统性。

第八章 职业院校人文素质教育的现状

第一节 职业院校开展人文素质教育的必要性

教育部在《关于加强职业院校生文化素质教育的若干意见》中指出:"职业院校生的素质教育,以文化素质为基础,文化素质中又以人文素质为重点。"人文素质教育主要是培养当代学生的人文精神,其实质是使学生懂得如何去爱自己、爱自己身边的人、爱社会、爱自然;如何尊重他人、尊重社会及尊重事物发展的客观规律;如何和谐地处理人与人、人与自然、人与社会的关系;如何提高自身的文化素质,如何提高自身的文化内涵与素养,提高自己的见识。和谐作为中华民族自古以来被崇尚的一种思想,是中华民族传统文化精神的精髓。同时,要在对职业院校生进行人文教学教育时,注重对职业院校生人文素质的培养,对职业院校生的思想进行进一步的引导与强化,增强职业院校生对中国传统文化的了解与传承意识。

作为一个人内在品质的人文素质同时也是一个人素质的决定因素。作为当代的职业院校生,一要学做人,二要做学问,这就必须加强学习,发展人文素质。发展人文素质对一个人的成长具有深远意义,因此要注重培养职业院校生的人文素质。

一、健全人格的基本途径

加快了经济的全球化，使经济迅速发展进步。同时它也不可避免地带有一些负面影响，导致人文与科技的分裂加剧，导致科技精神与人文精神的两极分化，从而带来人文精神的"缺失"。科技使人面临更大的压力与风险，也使人物化和工具化。首先我们必须知道的是，科技时代人文精神的精髓是坚持不懈地追求真善美的精神。科学也只有在崇高的人文精神的指导下，才能充分发挥其正面的积极效应，消除其负面的不良影响。培养职业院校生的人文素质，最根本的就是帮助他们建立健康而完善的人格体系，从而形成和谐的社会关系。

伟大的科学家爱因斯坦曾经说过，当学生离开学校的时候，他不应该是专家，而应该是全面发展的人。这里全面发展可以归纳为两方面，即身体素质的发展和精神素质的发展，其中精神素质的发展在很大程度上表现为人文素质的发展。如果一个人缺乏基本的或者优良的人文素养，无论他是做什么的都不会有所成就。由此说明完善的人格需要提升人文素质，而只有具备了健全的人格才可以称得上真正意义上的人。无论科技发展得多么迅速，可如果是以牺牲内心的平静、人格的完善为代价，那么多么辉煌的成果都不是完善的。提升人文素质可以帮助人走向正确的轨道，回归到正确的价值观上，同时也有益于文化素养的培养与提升，从而促进人与人、人与社会、人与自然的协调发展，因此要促进人格的健全发展与完善。古代的人文教育提倡人们对人生意义的不断探寻，对人格境界的不断追求，充满着人文的光辉，是我国人文教育思想史上一笔宝贵的精神财富。

二、对创新型人才培养的重点抉择

作家、艺术家进行创作时，需要丰富的想象力和激情，这些更高层次的认识并不只是通过逻辑思维才能达到的。诸如此类的灵感、想象力和激情都属于创新意识，它们对提高、丰富职业院校生的想象力有重要作用。爱因斯坦曾说过："想象力比知识更重要,因为知识是有限的,而想象力概括着世界上的一切。"

科技时代要求人文科学化和科学人文化的高度统一。科技时代是与人文时代并行的时代,科技本身就是一种高级的人文活动,科学的诞生以至它发展的每一步都与人文不可分割。科技作为一种面向人的社会实践活动,必然融入人的情感、价值等因素。科技发展的过程也是人文素质发展的过程,提高人文素质就是促进科学的发展。人文素质教育为科学发展提供肥沃的土地,失去了这块土地,科学这粒种子就无法健康成长。

世界上许多大科学家都是将自然科学与人文科学相结合才创造出人间奇迹的。作为创造型人才,他们必定具备创造性思维和完善的人格。杨振宁、杨叔子等大科学家不但精通科学知识,富有科学素质和科学精神,同时也有很高的文化素质。自然科学家仍不断地宣讲美学与物理学、文化与传承、科学与艺术、中国诗词等,显示出科学家深厚的人文底蕴;而吴冠中等大艺术家富有很高的人文素质和人文精神,不仅精通文艺还津津乐道地称赞现代科学成果,喜爱用美术手法表达科学内容等,显示出人文艺术学者对科学的赞赏、对真理的推崇的科学素质和对文化的崇尚的人文情怀。此类实例表明,人的智慧是多面的、综合的,单一个体独自发展几乎不能成功。而当代职业院校生几乎都不是文理兼容,所以他们创造性不足,就是取得了成绩也多半具有局限性。因此,实施人文素质教育,有助于培养职业院校生的创新意识和增强文化底蕴,所以要对创新型人才进行重点培养。

三、弘扬优秀传统文化有助于推进职业院校生与社会的协调发展

在新形势下,大力弘扬中国优秀传统文化,培养职业院校生的国家、民族意识,使他们肩负起对国家和人民的历史责任感、使命感,发挥积极的作用。中国传统文化中强调的人生最高目标是以天下为己任的爱国精神,强调人们对家庭、国家应承担的责任和义务,强调人们对社会的奉献精神。顾炎武的"天下兴亡,

匹夫有责"、孔子的"士不可以不弘毅,任重而道远"、诸葛亮的"鞠躬尽瘁,死而后已"、陆游的"位卑未敢忘忧国"、范仲淹的"先天下之忧而忧,后天下之乐而乐",这些都体现了以国家社稷为己任的社会责任感。对职业院校生进行中国优秀传统文化素质教育时,要把个人的成长进步融入国家发展、民族振兴的时代中去,从而实现个人与社会的和谐发展,切实强化社会责任感和历史使命感。

四、促进职业院校生人际关系的和谐

(一)宽容

中华民族自古以来是包容性极强的民族。孔子提出:"君子和而不同,小人同而不和。"主张人们应善于接纳别人的不同意见,宽容那些有不同意见的人。老子提出为人要"以德报怨",主张为人处世应胸怀宽广、豁达大度,即使与人有怨,也要用宽容的态度和方法来回报别人。职业院校生在与他人的交往中,由于性格、环境、经历、文化和修养等差异的存在,因误会、不解和意见分歧而产生的人际矛盾是不可避免的,但我们如果能做到宽容大度、谦敬礼让、以诚待人,就能扩大自己的交往空间,也能化解人际关系的紧张和矛盾,形成和谐融洽的人际关系。

(二)利他

中国优秀传统文化中推崇利他思想,这对于培养职业院校生同情他人、关心他人和爱护他人的社会公德意识具有十分积极的作用。孔子指出,"己欲立而立人,己欲达而达人"。强调每个人都不可能离开他人。老子用朴素的辩证法的观点说明利他和利己是统一的,利他往往也能转化为利己。"天长地久。天地所以能长且久者,以其不自生,故能长生。是以圣人后其身而身先,外其身而身存。"孔子、老子的上述主张与我们今天所提倡的"我为人人,人人为我"的奉献精神在本质上是一致的。职业院校生在与人交往中,如果能认真汲取中国优秀传统文化的精华,学会用正确的方式处理人际关系,不仅有利于自身人文素质的提高,而且有利于和谐校园乃至和谐社会的建设。

五、有助于实现职业院校生内心世界的和谐

中国优秀传统文化对职业院校生构建和谐的内心世界有着积极的借鉴意义。传统文化主张注重道德修养的人应注重精神生活的充实，而不应该贪图物质生活的奢华与享受，否则就会导致一个人萎靡不振。注重精神生活的充实将会帮助人们抵挡各种物欲的诱惑。如老子的"知人者智，自知者明。胜人者有力，自胜者强"。精神世界的充实使他们正视自我，争做战胜自我的强者。老子认为一切事物的发展过程都是一个由小到大、由少到多的过程。这启示我们：不能做思想上的巨人、行动上的矮子，不能好高骛远、眼高手低，而应该脚踏实地，从点滴做起。职业院校生如果能认真领会中国优秀传统文化的积极含义，将能化解内心冲突，促进内心的和谐，促使他们努力奋斗、坚持不懈，勇往直前地走中国特色社会主义道路。

六、人文素质教育是促进当代职业院校生优良综合素质形成的需要

人文素质教育能对当代职业院校生良好的综合素质形成产生重大影响。职业院校生通过人文素质教育学会"做人"，适应集体生活环境，增强交际能力，参加校园文化活动，从而为自己将来踏入社会这个更大的生活环境做好各方面准备。当他们成为一名毕业生时，从他们身上展现出来的既有专业能力，也有人文精神。只有具备优良综合素质的人才方能经得起社会的考验，实现自己的人生价值。

第二节　职业院校语文课程改革对职业院校生人文素质提高的重要作用

人文素质教育就是关于人类价值和精神表现的人文学科，包括哲学、语言学、

文学、历史学等人文学科的教育。实施人文素质教育的途径多种多样，大致说来有两个课程：一是显性课程。一方面落实文、史、哲、艺、伦等人文学科以及如秘书学、公关学、企业文化、艺术设计等边缘人文学科的教学，渗透人文内容，形成一个以文史哲课程为核心的辐射圈；另一方面，在专业课程教学中渗透人文素质教育。科学成果是人类情感、意志的凝聚，是人类严谨、求实、团结、协作作风的见证，是人类战胜自然、改造自然、推动社会前行的伟大胸襟和无畏勇气的象征。专业课课堂是自然科学和社会科学知识传授的课堂，也是学生接受人文精神洗礼的课堂。二是隐性课程。即课程以外的具有教育作用的景物与活动。通过物化环境，如图书馆、实验室、大操场、教学楼、宿舍、食堂等学校的各种建筑物和设施，还有观念环境、情感环境、学术氛围、教师的精神风貌等人为环境来展开。与显性课程教学不同，隐性课程教育是非学术性的教学。虽然它在一定程度上涉及认知范围，但学生从中获得的主要是情感、态度、气质、信仰、价值观等人文方面的启示。让学生在和谐的环境、优美的艺术、感人的场面、可敬的榜样、亲切的话语、深邃的文化、喜闻乐见的活动形式中吸取人文营养，潜移默化。在诸多隐性课程中，尤其重要的有两个方面：一方面是校园文化活动，通过各种形式的学术讲座、社团活动、专题研究、课外导读等来营造一种浓厚的校园人文氛围，提升文化品味，抓住学生的兴趣，提高人文素质；另一方面是教师在学校文化活动中的主导作用，健康高尚的教师文化和教师形象对学生文化的形成和发展所起的作用是直接的教育指导所不能替代的，它更容易使广大职业院校生产生价值认同而自觉地培养和效仿。正所谓"身教重于言教"。同时，依托师生之间的交流，通过教师对人生意义、价值、信仰与终极关怀发生叩问而形成的思想意识、言行举止来对学生进行一种潜移默化式的熏陶。

职业院校语文，或高等语文，作为显性课堂的一种，是推广人文素质教育的最前沿阵地。作为一门极为突出的人文课程，怎样影响学生、帮助学生提高人文素质呢？"史学使人明智，诗歌使人聪颖，数学使人精细，科学使人渊博，伦理学使人庄重,逻辑与修辞使人善辩。"思想家培根的一席话指明了不同知识对人的不同影响,特别强调了人文知识在完善人的素质方面的不可替代的作用。王步高先生认为职业院校语文承担着四大使命:梳理功能、传布传统人文精神、拓宽学生视野和开拓学生思维能力及提高学生语文自学能力。其中的传布人文精神就是"使学生在古今文化精品的感化教育下,促使学生思想境界的升华和健全人格的塑造"。职业院校语文教育除了直接塑造人的灵魂外,还影响人的发展。尤其体现在思维活动方面。人的思维包括形式逻辑思维、辩证逻辑思维、直觉思维、形象思维等几种样式。专业知识的获得主要采用的是归纳的方式,表现为逻辑思维,这是一种收敛的线形的思维方式,在生理上指向人的左大脑;而人文知识的获得则采用了演绎的方式,需要调动人的情感、意志去参与,表现为直觉思维、形象思维,它们是发散型的思维方式,在生理上指向人的右脑。直觉思维虽是直接的觉察、辨别,但它常常带来新发现,它可以到达一些意想不到的地方,是逻辑思维做不到的,所以它被人们特称为开拓性思维,是科技创新所寸步不离的。这两种思维方式的优势互补,更能促进专业能力的提高。只有左右大脑同时开发,水平达到新的高度,产生无限的潜力,才能迅速吸收、消化新知识。作为最重要的文化载体,职业院校应责无旁贷地承担起人文素质教育的重担。

这应该是职业院校语文教学的重中之重,是职业院校语文教学的支点。

第九章 职业院校语文与人文素质教育路径

第一节 职业院校高职语文教育与人文素质的培养

一、人文素质教育的内涵

当我们进行"职业院校语文与人文素质教育"的研究时，首先遇到的问题，就是要对素质、文化素质、人文素质有个正确的理解。在笔者看来，素质应包括思想道德素质、文化素质、业务素质和身心素质。其中，思想道德素质是根本，文化素质是基础，业务素质是本领，身心素质是本钱。而素质教育则是对人的全面发展的教育：是充分发挥每个人潜能、注重学生个性健康发展的教育；是注重学生创新精神和实践能力培养的教育；是使人的适应性与创造性相统一，以适应社会主义市场经济对人才素质特殊要求的教育。素质的基础是文化素质，尽管人们对文化众说纷纭，但就文化素质教育而言，它也是一种促进人的全面发展的综合性教育，说得直白些即是知识、能力、修养，如何做人的教育。在文化素质中，占核心地位的是人文素质，也可以说文化素质主要是指人文素质（包括艺术审美素质）。人文素质是由人文学科和社会学科综合素质化合而成，谈到人文素质教育，有人认为，人文素质教育是指人文学科、社会科学课程（或者再把艺术课程列入）的教育，而与科学教育或技术、专业教育相对应、相区分。也有论者认为，人文素质教育是指"以人为本"的教育，是一种对生活态度、人生观、人才修养方面的教育。在笔者看来,人文素质教育是指培养人文学科和社会学科综合素质,并与科学教育相融通的促使人全面发展的教育。

二、职业院校语文教育与人文素质的培养

人文素质教育主要培养人的人文素质,人文素质就是做人的素质。当前,职业院校生人文素质比较缺乏。人文素质的缺乏导致职业院校生的综合素质不适应实际工作的需要。因此,加强职业院校生人文素质的教育和培养,既是时代发展的需要,也是我国高等教育的基本要求和高等教育改革的基本趋势。既然人文素质是做人的素质,那么做什么样的人就是至关重要的了。做人的教育,就要求职业院校生进校首先学会如何做人;其次学会如何思维;最后学会掌握必要的高层次的知识及运用知识的能力。这三者不可分割,彼此相互渗透、相互支持、相互影响,但学会如何做人是基础。做人,最重要的是要铸造美好的人格。美好的人格大抵是由美好的情感、美好的道德、高度的责任感和高尚的价值观组合而成。而在中外文学书籍中,能够启发、教育人们追求美好的情感、美好的道德、高度的责任感和高尚的价值观的名篇佳作比比皆是。现在各个高校编写的职业院校语文所收的篇目以及中外文学经典,都能够发挥有关情感、道德、责任感和价值观方面的教育作用。

第二节 人文素质视域下的高职语文教育

职业院校语文是培养学生人文素质的基础性课程。通过职业院校语文的学习,能进一步提升个人的高雅志趣,培养学生高尚的社会理想、爱国情怀、合作意识和敬业精神等,使学生毕业后真正能够成为全面发展的、潜力巨大的社会优秀人才。

一、我国当前对人文精神的认识

人们或认为人文精神是关于人的精神或学说，以人为对象的思想或对人的关注；或认为它是一种追求人生意义或价值的理想态度，即关注个体的自我完善和自由、人与人的平等、社会的和谐进步、人与自然的同一等；或认为它是与科学精神诸如客观性、确定性、严密性、精确性等相对的对人生意义的追求，是从具体文化过程中体现出来的追求人生意义的理性态度。以上诸说各有侧重，亦各有偏失。当代对人文精神的表述有代表性的如"人文精神是对人的价值的肯定，是对人之所以为人在理论和实践方面的回答，是对人这个族类的精神追求的探讨、提升，是对民族文化兴衰存亡的终极关怀和自觉奉献"。之所以说有代表性，是因为这个表述关涉现代与传统两方面的因素，更加切合我国的实际。虽然"人文精神"这一概念目前尚未有统一的界定，但人们大体上赞成这样的看法：人文精神是对人的价值的关怀，是对人的生存意义的关注和思考，以及对人这个族类命运的精神探索。在实践上，人文精神归根到底就是如何"做人"的问题。具体到语文教学上，进行人文精神教育也即是如何"教人做人"。

二、高校语文教学是弘扬人文精神的重要途径

人文素质教育就是要通过教育的功能和作用，使人获得比较全面的社会各个学科的知识，在潜移默化的熏陶中使人得到全面的、充分的、和谐的发展，以实现社会需要和个人价值的统一。人文素质教育主要围绕着人的政治素质、思想素质、道德素质、业务素质、身体素质和心理素质展开。其中尤其是政治素质、思想素质、道德心理素质，既吸收了中国传统文化中的合理因素，也不断地融进持续发展的社会的新质。可以说，人文素质教育与传统文化教育是密不可分的，人文素养和传统文学的关系天然密切。当前，在进行社会主义精神文明的建设中，中国传统文学的教学活动是培育人文素质直接而有效的途径。

中国古典文学是人文知识的宝库之一，是中国传统文化的主要载体。古典文学对社会生活的反映及塑造的鲜明的艺术形象，包容和体现着我们这个民族的博大精神、深厚的民族情感、传统的民族美德和民族审美心理，具有巨大的认识作用、教育作用和审美作用。古诗文的教学过程，既是文学专业知识的传授过程，也是弘扬民族精神、宣扬民族伦理道德、渗透民族心理的人文素质教育的过程。可以说，古典文学作品是对学生进行人文素质教育的最好范本。

三、构建和运用以人文素质教育为中心的职业院校语文教学模式

著名语言学家、北京职业院校教授陆俭明指出，语文教育一是给学生真、善、美的熏陶和教育；二是培养学生的文学素养；三是让学生掌握恰到好处的语文能力和知识。语文教学中如何培养学生的人文素养，要对语文课程标准进行深入的开掘，教育不是空洞的说教，而是读书明理，通过阅读佳作美文，高尚的情操、崇高的思想通过语言文字流入学生的心田，帮助学生认识社会、认识人生，领悟做人的道理。学生在语言能力发展的同时，培养爱国主义情感、社会主义道德品质，逐步形成正确的价值观念和积极的人生态度，提高文化品位、审美情趣。作为语文教育工作者，培养学生的人文素养是语文教育的首要任务。如何才能真正体现语文教育的人文性呢？笔者认为要从以下四方面着手：

（一）以人文素质教育为中心进行世界观、人生观、价值观的教育

以人文素质教育为中心的职业院校语文教学，就是要求以人文精神为主线，串起有教育价值的作家及作品，内容涉及作家生平经历、人生信仰、思想品格、主要作品及成就等。目的是通过传递这些信息使学生对人及人生有所思考，感受优秀作家的人格魅力，使学生在学习中潜移默化地受到作家崇高人格的熏陶，提高文学欣赏能力。

以人文素质教育为中心的职业院校语文教学，源于健全学生人格，全面推进素质教育的要求。爱因斯坦曾说过："学校的目标始终应当是：青年人在离开学

校时,是作为一个和谐发展的人,而不是作为一个专家。"应当始终把发展学生独立思考和独立判断的能力放在首位。学校仅用专业知识育人是不够的。

在职业院校的文化素质教育中,教育主要是为了教育学生如何做人,如何做高尚的人、正派的人、对民族和国家有贡献的人。这实际上是人生观的问题,也就是说应当把人文知识提升到人生观的高度来理解。人们对于人生意义的理解离不开对整个世界的正确理解,这就是世界观的问题。

以人文素质教育为中心的职业院校语文教学,改变了职业院校语文课局限于语文知识传授的表层现象,加强了文化教育与审美教育的高层次要求,强调了学生在经过中学语文教育以后,在已经具备一定的语文基础知识和语文自学能力的前提下,对承载着丰富的文化与审美内涵的高层次的语文教育的需求。从作家作品大处入手,来领会一种精神,来思考人生和社会。它有着更为深广的文化内涵,更为丰富的课程内容,在对学生进行人文素质教育的过程中起着非常重要的作用。职业院校语文就是要在文学艺术的熏陶中潜移默化地影响学生的人生观、世界观。

(二)构建学生的精神家园

语文课程与其他课程的根本不同在于,它具有丰富的人文内涵。教学中,要引领学生感悟这些人文内涵。例如,李白眼中的"飞流直下三千尺"是何等的壮观,杜甫笔下的"窗含西岭千秋雪"是何等的明丽,鲁迅的沉郁雄浑、冰心的隽秀玲珑、朱自清的淳厚淡泊、徐志摩的轻灵曼妙,都会让学生的精神得以净化。语文教师在教育学生时,同学生一起徜徉其间、浸润其中,是一种精神享受。我们在语文教学中,重视语文对学生的感染作用,通过听、感、悟的过程对学生精神领域产生影响。这种影响并不是一朝一夕就能形成的,它是一个隐性的、长效的、综合的过程。让学生受到语文精神的感染绝对不是离开语文课本空洞的说教,不能只求人文而舍语文,人文是不可能取代语文的,因为人文不等于语文。语文教学中,我们要在以文本为载体的基础上,构建起学生的精神家园。

(三)拓展学生的感性世界

语文本身就是一种感性的存在,教师要引导学生以感性的方式去学习语文。而很多语文教育过程中却是理性泛滥、含义解释、情节分析、要点归纳、主题概括、文枝梳理、语料记忆,教师纯理性地教语文,学生纯理性地学习语文,导致学生学无兴趣。"夫缀文者情动而辞发,观文者披文以入情",语文中感性教育是一种个性化的教育,要尊重学生个体,张扬学生个性,尊重学生对文本的独到见解。因为学生的见解是学生在理解文本的基础上的一种释放,是一种情感的释放,是一种生命潜能的释放。

(四)培育学生的民族情怀

语文是人类文化的重要组成部分,其中蕴含着厚重的民族精神和民族文化。既要让学生在学习语文过程中在心里扎下优秀的民族文化的根,又要使语文学习具有先进、开放、多元的文化精神。教师教育学生学习语文,也就是在用中华民族的精神文明以及中华优秀文化哺育学生成长,提高他们的民族认识,培育他们的民族情怀,这些对学生的影响都是终身的。

(五)引领学生感悟生活

语文即生活。学习语文本身就是学生的一种特殊生活。古今中外、天文地理、人世变迁,都能从语文课本里找到历史足迹。学生在学习语文的过程中犹如欣赏各种体裁的文章,能在这些文章中体会生活的苦与乐,感受生活的悲与喜,从而获得生活的感悟。教师的课堂教学,既是对课本记录的生活进行阐释,也是对自身的生活经历进行感悟,师生之间在进行文本对话时,也进行了心与心的交流、情与情的互动。语文教学离不开阅读,阅读就是对生活的体验。读文本就是读懂生活中的情,从而得到情感世界的净化。语文教师培养学生语文素养的一个最为关键的途径就是让学生多读,读文学、读历史、读天文、读地理、读名著、读百科,在读中滋养自己的精神,修整自己的言语。读到生活的经验,读到人生的哲理。所以教师要做好阅读指导,尊重学生的生活实际,尊重学生对生活的各种体验。

(六) 加强教师人文素养，提升教育水平

建设一支高素质的专业教师队伍，是职业院校语文教学质量的根本保证，职业院校语文教师不但要有扎实的专业知识，还要有锐意进取、勇于创新的精神。

（1）可以邀请造诣深厚的专家、学者进校进行观摩教学，开阔教师眼界，拓展教学思路，促进教学水平的提高。

（2）语文教学本身所具备的人文性，要求从事该课程教学的教师也应具备良好的人文素养，注重用理想、信念、情感、意志提升学生的文化素养、文化品格。

（3）当今社会，日新月异的科技革命使创新教育成为我国高等教育的重要目标。职业院校语文教师要改变因循守旧的教育观念，提高创新意识，将培养学生创新精神和创新能力贯穿于语文教学的始终，为社会培养创造性人才。

第三节　职业院校语文教学中实施经典诵读教育

一、增强经典诵读教育意识

实施经典诵读教育，可以帮助职业院校生深刻地理解传统文化，极大地弘扬民族精神，树立正确的价值观念。流传数千年的中华经典文化体系中蕴含着富有民族特色的价值观、道德观、生死观，凝聚着中华民族的精神和民族情感，承载着中华民族的文化血脉和人文精髓。当代职业院校生是祖国的未来、民族的希望，职业院校生的理想追求和价值理念影响着民族未来的进程和走向、民族文化的继承与创新，而中华经典文本恰是职业院校生文化教育的宝贵资源。实施经典诵读教育，就是要将"以人为本"的思想、"天下为公"的理念、"宁为玉碎，不为瓦全"的风骨、"富贵不能淫，贫贱不能移，威武不能屈"的操守、"先天下之忧而忧，后天下之乐而乐"的胸怀、"位卑未敢忘忧国"的精神、"无为而无不为"的智慧、"己

所不欲，勿施于人"的道德原则，还有诸多传统民俗节日中所蕴含的中华民族核心价值理念等，通过经典诵读，潜移默化地渗透到职业院校生的精神世界，影响其思维方式与行为方式，以利于中华民族的伟大复兴，利于传统文化的传承与创新。在职业院校语文的教育教学过程中实施经典诵读教育，通过讲解、诵读、书写中国古代经典文化名篇和20世纪的新经典文本，有目标地引导职业院校生亲近经典、热爱经典，可以使职业院校生在潜移默化中接受经典文本中蕴含的价值观念、思维方式、行为准则、审美标准，可以使职业院校生在诵读中学习并把握中华优秀文化传统的精髓，可以使职业院校生增强民族文化自信心，增强其文化传承的责任感、使命感和文化创新的基本素质与能力。因此，在职业院校生中实施中华诗文经典诵读教育，是加强中华民族优秀文化教育、提高职业院校生民族思想道德水平、弘扬爱国主义精神、树立职业院校生社会主义核心价值观的重要平台和有效途径。

实施经典诵读教育，可以滋养职业院校生的人文素养，让职业院校生深刻体悟生命情感，激发他们的人文关怀，健全他们的人格心理。一方面，古今经典的文化著作、优秀的文学作品多有对行旅与战争的咏叹，对宇宙与生命关系的思考，对人生苦难的叩问和对自然灾害的关注，承载了历代作家对国家命运、民族前途、人民苦难的深度关注，在那些渴望建功立业、杀敌雪耻或是愿意牺牲自我、为国捐躯的坚定表白中，抒发了国人强烈的爱国激情，表达出高尚的人生观、生死观，体现了宝贵的民族气节与民族精神；当代诸多优秀诗文，在表现对现实人生强烈关注的同时，也展示了当代知识分子的忧患意识与历史承担。另一方面，经典文本涉及人类普遍经历和体验的人文情感，如对爱情的诚挚思求，对亲情的深情歌咏，对友情的朴素赞美，还有感恩的情愫、悼亡的哀绪、悲天悯人的情怀、去国怀乡的愁思……这些最能拨动我们心弦的情感诉求，是职业院校生健康人格心理形成过程中最需要汲取的精神养分；尤其是那些能够象征人生理想和精神信仰的情感体验，蕴含着能够引发我们心灵共鸣的人生况味，更值得我们在诵读中体悟、在感动中感知。在职业院校语文的教学过程中实施经典诵读教育，可以滋润职业院校生的生命情感与性灵世界，可以激发职业院校生的社会责任感、历史使命感，增强职业院校生的民族自豪感和文化自信心，帮助他们树立正确的道德观、生死观、价值观，更好地促进职业院校生成长、成人、成才。

实施经典诵读教育，可以在潜移默化中提升职业院校生的书面语文水平和口头表达能力。中华传统文化典籍中蕴藏着诸多描述自然风光、追思宇宙人生的秀丽诗篇，启发我们对自然与人和谐相处的深思；一些描写音乐的华美篇章，也在形象生动的现场感的传达中，带给我们愉悦的审美感受。更重要的是，集体诵读的方式可以营造美好的教育氛围，能给受教育者带来多感官的综合刺激，能够创设特定的教学情境，调动学生的参与意识，提高学生的课堂学习效率。按教育心理学的观点，在多重感官的刺激下接收信息的牢固性，比单纯的听觉接收要增强好几倍，其比例是：单纯听觉11%，单纯视觉83%，视听结合获取的知识达94%。在启动学生听觉和视觉接受能力的同时，调动学生积极主动参与，教与学的效率得到双重的提高，学生视界得到更大范围的拓展，思维也更趋于活跃，对汉语言文字的感悟力、理解力和使用能力都会在潜移默化中得到大幅度提高。因此，在高校中文教育中渗透经典诵读教育，在培养职业院校生富有传统价值的人生观、自然观、审美观的同时，可以激发职业院校生对母语的深度热爱，极大程度提高职业院校生对国家通用语言文字的应用水平和语文表达能力。

二、确立经典诵读教育文本

高等院校中，除了汉语言文学专业和相近专业的课程设置中有古代文学的板块，能够让这些专业的学生经常接触到传统经典文学作品之外，其他专业的职业院校生接触经典文本的平台和机会并不多，在没有开设"职业院校语文"课程的院校，职业院校生接触传统文化经典文本的机会就更少。所以有借助经典文本的诵读教育以促进职业院校语文教育的必要。所谓"经典文本",指那些具有典范性、权威性的、经久不衰的传世之作,经过历史选择出来的"最有价值的"、最能代表那一个时代的文学作品。经典之所以成为经典,是因为它的内容和形式已很成熟,具有被历代所公认的审美价值,有生命力的经典能够激活人们在生活中的智慧。

1.《论语》

孔子十分重视"为学之道"。孔子认为,对待学习要好学、乐学,对待书本知识应"默而识之,学而不厌",以至于"发愤忘食,乐以忘忧";还要善于发现人师,"三人行,必有我师焉,择其善者而从之";要善于见贤思齐,"敏而好学,不耻下问"。这是一个求学者应持有的宝贵的学习态度。孔子强调学思结合,认真琢磨,"学而不思则罔,思而不学则殆""如切如磋,如琢如磨",反对一知半解,浅尝辄止。在学习内容上孔子主张广博,将"文、行、忠、信"作为学习的纲要;在学习目的上孔子强调闻道修身、学以致用,"朝闻道,夕死可矣""诵《诗》三百,授之以政,不达;使于四方,不能专对;虽多,亦奚以为?"又说:"德之不修,学之不讲,闻义不能徙,不善不能改,是吾忧也。"他认为如果不能坚守道义、提升自我修养,不能将知识付诸实践、提高执政能力,那么知识再多又有何用?

《论语》在对孔子言行的记录中,披示了孔子的"仁学"思想。"仁"是孔子思想的核心范畴,是孔子主张的最基本的社会关系准则,其出发点、内涵和归宿是"人"或"爱人"。两人为"仁",故"仁"即为人之道,是人与人相处的准则:"仁者人也。""人而不仁如礼何?"人们如何行仁,则完全由于自我约束:"为仁由己。""夫仁者,己欲立而立人,己欲达而达人。""己所不欲,勿施于人。"而人如果培养自己的仁心,应当从孝悌开始做起:"孝悌也者,其为仁之本与?"孔子倡立的仁学精神,历经数千年,为中华文明形态的延续做出了重要贡献,重申儒家的仁学思想,显示出特别重要的现实意义和思想价值。

2.《孟子》

《孟子》的诸多篇章，进一步发展了孔子的仁孝观，如"惟孝顺父母，可以解忧""不得乎亲，不可以为人；不顺乎亲，不可以为子""老吾老，以及人之老；幼吾幼，以及人之幼""爱人者，人恒爱之；敬人者，人恒敬之"等，认为孝亲是做人的根本，由孝亲扩大到尊敬社会上所有的老人，这才是真正的仁爱，也才能获得社会的尊重。孟子的民本思想也是十分突出强调的，如"民为贵，社稷次之，君为轻""得道者多助，失道者寡助""天时不如地利，地利不如人和"。而执政者要想"得道"，获得全体民众的拥护，则应拥有"忧民"的情怀："乐民之乐者，民亦乐其乐；忧民之忧者，民亦忧其忧，乐以天下，忧以天下，然而不王者，未之有也。"如要培养"忧民"情怀，必先经历生活的历练，在人生的苦难中练就顽强的心志、高尚的品德、坚毅的性格："故天将降大任于斯人也，必先苦其心志，劳其筋骨，饿其体肤，空乏其身，行拂乱其所为，所以动心忍性，增益其所不能。"饱经忧患而后养成"富贵不能淫，贫贱不能移，威武不能屈"的品格，方能称为"大丈夫"。显然，孟子的仁孝观、民本观早已渗透进中华民族传统的文化脉络，成为经典文化的一个有力构成，滋养着两千年来国人的精神世界与心灵追求。

孟子还提出了"良心"一说。"良心"一词首见于《孟子·告子》篇。孟子用牛山之木比喻人的良心，树木丰美是牛山之美的基础，然而如果任意放牧牛羊，人类又无休止地日日砍伐，山林之美便会不复存在；而人类的良心如同山林的美木，如果人类对自己的良心不加养护，放任自流，任意妄为，那么良心很快就会泯灭殆尽，与禽兽无异。所以有德君子应注重良心的养护，培育仁孝之心，滋养浩然之气，将良心作为实现性善活动的保证。《孟子》的性善论、良心说等，有助于改变当今人类精神异化的局面，促使人们反思工业社会带来的人类心灵紧张，可以为当代职业院校生树立有民族特色的社会主义核心价值观提供智慧资源。

3.《道德经》

作为先秦时期最重要的几部经典之一,《道德经》在中国几乎是家喻户晓,两千多年来深深影响了国人的思想和生活。老子思想体系的核心是"道"。"道"在该书中出现70多次,虽只一词而意涵个个不同。概言之,老子的"道"主要包括三个层面的意涵。一是体现老子宇宙观的"道"。老子认为"道"是宇宙的本源:"道可道,非常道;名可名,非常名。无,名天地之始;有,名万物之母。""天下万物生于有,有生于无。""道生一,一生二,二生三,三生万物。"它是看不见摸不着的,只能勉强为之命名为"道"。"有物混成,先天地生。寂兮寥兮,独立而不改,周行而不殆,可以为天地母。吾不知其名,故强字之曰道,强为之名曰大。"二是体现老子自然观的"道"。老子极力推崇自然法则:"人法地,地法天,天法道,道法自然。"认为"道"既是客观的自然存在,又是自然生存运行的规律。三是体现老子人生观的"道"。他认为,治国者应无为而治:"无为而无不为。取天下常以无事,及其有事,不足以取天下"。有德者应谦下不争:"上德若谷""不自见,故明;不自是,故彰;不自伐,故有功;不自矜,故长。夫唯不争,故天下莫能与之争""上善若水。水善利物而不争,处众人之所恶,故几于道、善处世者应守柔处弱""柔弱胜刚强""天下莫柔弱于水,而攻坚强者莫之能胜,以其无以易之""江海之所以能为百谷王者,以其善下之,故能为百谷王"。显然,老子对宇宙起源和本源的思考、对人与自然和谐相处的推崇、对谦恭向善的人生准则的强调,是传统文化中十分宝贵的思想财富,也是当代职业院校生理当汲取的精神营养。

4.《庄子》

庄子继承并发展了老子的哲学思想,鄙弃世俗功名利禄,推崇自由逍遥的精神境界,有遗世独立之风。庄子有很多言论谈的都是他的养身处世之道,撇除其明哲保身的成分,我们仍然能获得诸多的人生智慧。即如《养生主》中"庖丁解牛"一则寓言,可以解读出反复实践、了解客观对象、掌握客观规律、实践出真知、掌握全局等宝贵的思想资源。庖丁解牛，能切中肯綮，就是因为掌握了客观对象的结构机理，懂得如何运刀而不卷刃。所以反复实践、找到规律、领悟真知，就能做好一切事情。今人尚在使用的成语，如"目无全牛""游刃有余""踌躇满志""切中肯綮""批郤导窾""新硎初试""官止神行"等，均出自"庖丁解牛"……这些成语无疑凝聚了庄子的诸多思想智慧，是传统文化价值体系中极为有益的成分，对略显浮躁的当代人而言，也是极为宝贵的精神源泉。

5.《诗经》

《诗经》有诸多经典篇章，歌颂了人世间的自然之爱和人生信念，对今人有极为重要的情感教育价值。如《关雎》所歌咏的古典和谐的情感形态与生命精神，足为今人效仿。它开篇便以"兴"的手法，即景生情，在雎鸠鸟儿鸣叫唱和的轻灵婉转之音中，微妙地传达了自然生物雌雄相合、相爱相生的生命精神，引出男子无限的情思与联想：那位娴静美好的女子是自己理想的佳偶。从滋生爱情、思慕佳偶，到结为婚配、和谐喜悦，《关雎》在质朴淳雅的情感讴歌中让两千多年来的读者体认了生命的深刻。又如《蒹葭》之美，不仅在于对佳人的企慕和追求，更在于它的象征意境。所追求的对象在水一方，可望而不可即，这是人们常会面临的人生境遇；所追寻的伊人可以解作意中人，也可以当作一种人生的目标或理想；河水的阻隔意义就更具艺术的张力了，它可以象征人生追求中所遭遇的任何一种阻力或艰难；而追求者的无奈与怅惘，当然也是常会经历的人生体验。这样，《蒹葭》便在可望难即的人生境遇中透射出一种执着不已的生命理想，与"虽九死其犹未悔"的坚毅品格相仿佛；而这正是中华民族品格的重要构成。

先秦典籍之外，汉魏诗歌、唐诗宋词、唐宋文、明清诗文戏曲也有很多适宜诵读的经典篇章，20世纪以来的优秀文学作品拥有"新经典"品质。经典诵读教育，需要以一种植根当代社会和当代文化的"时代精神"和"现代眼光"，对中华经典诗文进一步发掘，做出新的选择和阐释，借助《职业院校语文》等相关课程教材的编撰和使用，力求呈现传统文化的精髓与核心价值，进一步展示中华民族心灵世界、文化性格与审美情趣，发掘经典文本中具有的现代意蕴的意义世界，为在校职业院校生的经典诵读教育提供优质文本。

三、拓宽经典诵读教育路径

目前大多数高校的中文课堂采取的教学教育方式，基本上以教师讲授为主，涉及古代文化典籍、文学作品，往往从作者介绍、思想内容、艺术特征等层面单纯讲析文本；稍微好些的课堂，会调动学生积极参与，教师主讲和学生发言结合，然多半未能尝试更多的教育教学方式；高校课堂之外，与经典诗文诵读有关的第二、第三课堂的活动虽有，然教师往往缺席，高职称、高水平语文教师对活动的参与面相当窄。职业院校语文课堂教学，宜采取多样化的诵读形式实施经典诵读教育，以促进高校职业院校语文教育效果的提高。在诵读形式的选用上，提倡并实施今音、古调、新唱多种方式相结合，带动学生诵读经典。

一是今音朗读，即以普通话"朗诵"经典古文和新经典诗文。朗诵是把书面语言转化为有声语言的艺术创造活动，它凝聚着民族的血脉，负载着文明的传承。借助经典朗诵，对职业院校生学习和传播经典文化、提升文化品位、营造良好的人文环境、抒发情感和净化心灵，大有裨益。二是古调吟诵，即以富有韵味的调式"吟诵"古代经典诗歌。结合古代文学和职业院校语文的课程教学，以"吟诵"方式实施经典诵读教育，是一个很有价值的学术话题。三是古诗新韵，指在经典诵读中介入当代歌曲的"咏唱"。古代经典诗文本身就有配乐歌唱的，也有不少在当代被谱上曲子传唱，如流传下来的古琴曲有《阳关三叠》；经典诗词在当下被直接谱曲的有《诗经·关雎》、李白《静夜思》、李煜《相见欢》、苏轼《水调歌头·明月几时有》、柳永《雨霖铃》、李清照《一剪梅》、刘半农《教我如何不想她》等；对经典诗词做撮要、剪辑或改编的有《子衿》《在水一方》《相见时难》《桃之夭夭》《人面桃花》等。在经典诵读的教育教学中同时融合多种富有趣味的艺术化形式，打破教师一人单纯讲授的格局，调动全场学生的同时参与，在集体朗读、吟诵、歌咏经典文本的氛围中实施传统文化的人文精神教育，既能改善课堂教学结构，提升教学内涵，提高课堂教育教学效率，也能拓宽传统语文教育的渠道和手段，促进语文教育理念和方法的改善与提升。

  如何在全校营造浓厚的经典诵读教育氛围，扩大职业院校语文教育实践的途径，在更大范围内惠及中小学语文教育，这是值得我们思考和研究的问题。职业院校语文课程应善于在全校范围内营造经典诵读教育氛围，扩大语文教育实践途径。首先立足课堂教学。职业院校语文教材有一定数量的经典诗文，教师在增强"诵读"意识、提高自身吟诵水平的前提下，使吟诵经典诗文成为相关课堂教学的必备环节，增加或补充教材外的经典篇目，系统训练职业院校生的诵读习惯和吟诵能力，在吟诵中感悟经典文化的精髓所在。其次搭建优质平台。借重省朗诵艺术学会的优质资源，以校朗诵艺术学会和职业院校语文课程组骨干成员为指导主体，举行全校性的"经典诵读诗文朗诵会"，邀请省内外著名朗诵艺术家来校，和本校师生一起共同登台演出，融汇今音朗诵、古调吟诵、古诗新韵等多种有声艺术形式，以当代眼光演绎古代经典的文化内涵，通过层层选拔汇报以调动全校职业院校生参与，借助校园文化建设平台，有步骤地实施经典诵读教育。最后增强校外辐射。以职业院校语文课程组的老师为指导，职业院校生诵读社团为主体，将本校经典诵读的做法和经验带出校园，与省内兄弟院校的同类社团进行诵读交流，为尚未开展经典诵读工作的学校提供教育理念的启示和工作方法的参考。综合种种途径，完全可以在本校这样一所省属师范院校内，实施经典诵读教育，提升职业院校语文教育的内涵和质量，并且通过师范生去往省内中小学从教的就业路径，实践经典诵读教育的全方位渗透，从而实现提高青年一代的文化品位、建设文化强省的目标。

  总之，职业院校语文教师应自觉增强经典诵读教育意识，确立最佳文本，拓宽经典诵读教育的路径、方法和手段，在教材、教学各个环节中渗透经典人文教育的理念，激发在校职业院校生诵读中华经典的热情，提高职业院校生诵读水平和语文素质，促进文理渗透，增强学科间的融合，探索文化育人的模式，提高职业院校生的人文素质，使职业院校生变成历史意义上、文化意义上、情感意义上、道德意义上的人，达到精神成人的目的，以适应现代社会的需要；同时在经典诵读的覆盖广度和深入程度上更有效地促进中华经典诗文的教育与传播，力求在弘扬优秀文化传统、传承民族精神和树立社会主义核心价值体系等方面发挥应有的作用，为推进素质教育、促进在校职业院校生全面发展做出积极的贡献。

第四节 职业院校语文教学及提高人文素质的思考

一、串讲式

串讲式即对作品的字、词、句、写作背景、主题思想、艺术特点等，做全面的讲解，教师满黑板的板书，学生满堂课的抄记。这仍然是中学的教学方式。这种教学方式，知识点多，对作品能做全面的了解；而不足是，由于课时少的原因，所讲的作品篇数很有限，也不容易深入分析。

二、文学史常识介绍式

重点放在文学史常识点的讲解上，即古代文学史中每一个历史时期的文学常识、现代文学史的文学常识、当代文学史的文学常识。

三、文化常识讲解式

有的学校把"职业院校语文"课讲成文化课，如古代汉语、现代汉语、地方文化、儒家文化、道教文化、道家文化、佛教文化、应用文写作等。看起来，内容丰富广博，结果是老师泛泛而讲，学生浅尝辄至。更为重要的是没有突出文学作品，这显然是偏离了"职业院校语文"课的教学目的。

四、理解领悟式

理解领悟式即文学鉴赏式。这种方式，突出重点，对一般性的常识点到为止。重点在作品的艺术技巧上的分析，提高职业院校生对作品的理解能力，培养职业院校生对文学作品的领悟能力。

这四种教学方式，有任课老师自行选择的自由。而笔者认为，第五种的理解领悟式的教学方式比较好，适合高校的职业院校生的实际需要，符合目前教学中出现的五种实际情况。一是课时少（有的安排40课时，有的安排32课时，还有的学校只安排28课时）的实际情况，只有在有限的时间内，突出作品的重点，才能讲得深入。二是本科学生的基础实际情况，他们在中学阶段已经阅读过不少文学作品，一般性的讲解和介绍，已经不能满足他们的需求了，更不能适应职业院校的教育目的。三是职业院校生的培养目的的实际情况，职业院校的教育，不再是单纯的知识的灌输，而主要是智力的开发、能力的培养，这就是观察事物的能力、分析事物的能力、对社会和人生的理解领悟的能力。四是目前职业院校生的思想状况、思想素质令人担忧，特别需要加强人文素质的教育。"职业院校语文"教学是教书育人的一个重要途径。

鉴于以上四种实际情况，笔者认为理解领悟式的教学方法能达到"职业院校语文"的教学目的。通过对经典作品的解读、赏析，提高职业院校生对社会、对人生的理解能力，培养职业院校生的高尚道德情操和健康的审美情趣，增强职业院校生自身的文化素养。

五、分析作品的艺术技巧，让学生领会享受作品的艺术美

每讲一篇作品，要把作品的艺术技巧讲深、讲透，使学生在作品艺术美的享受中，领略和掌握作品的艺术。这样，通过作品篇数讲解的不断增多，能达到系统地了解文学作品分析的方法，从而有效地提高学生的分析文学作品的能力。这

样，学生就可以举一反三、触类旁通，运用这些知识来阅读分析课外的文学作品。诸如：

（一）议论文说理方法的系统讲解

通过李斯的《谏逐客书》的说理艺术分析，掌握四种说理方法。第一段提出论点："臣闻吏议逐客，窃以为过矣。"第二段列举四位君主用客之功来证明，这是例证法。第二段先列举四位君主用客的作用，再下结论："由此观之，客何负于秦哉？"这是归纳法。第三段先正面讲四位君主用客之功，再假设"向使四君却客而不内"，形成正反对比的说理方法。第四段用"是以泰山不让土壤，故能成其大；河海不择细流，故能就其深"的比喻说理，这是类比的说理方法。《论语》中的《季氏将伐颛臾》含有演绎的说理方法，"夫颛臾，昔者先王以为东蒙主，且在邦域之中矣。是社稷之臣，何以伐为"一段，即是用"周天子封建的属臣不能伐，伐则无礼"这一般性的原理，推导出"伐颛臾无礼"的结论。这样综合起来，说理的五种方法全部涉及了。

（二）抒情作品表现方法的系统讲解

《诗经·伯兮》中的"首如飞蓬""其雨其雨，杲杲日出"，这是比喻抒情；《古诗十九首·行行重行行》中的"衣带日已缓"，这是以貌显情；曹植的《白马篇》借塑造驰骋沙场的少年英雄，表达自己的雄心壮志，这是象征抒情；江淹《别赋》的"闺中风暖，陌上草薰。日出天而曜景，露下地而腾文。镜朱尘之照烂，袭青气之烟煴"，这是写景衬托战士不忍离别的心情；《西厢记·长亭送别》中"柳丝长玉骢难系，恨不倩疏林挂住斜晖"，这是想象抒情；"听得道一声去也，松了金钏；遥望见十里长亭，减了玉肌"，这是夸张抒情。尤其是直万钱"停杯投箸不能食，拔剑四顾心茫然"，这是借事抒情；"欲渡黄河冰塞川，将登太行雪满山"，这是比喻抒情；"闲来垂钓碧溪上，忽复乘舟梦日边"，这是用典抒情；"行路难，行路难，多歧路，今安在？"这是直接抒情。这样通过具体作品抒情方法的分析，综合起来，就能全面而完整地把握抒情文学的系统方法，学生就可以根据学习到的这些方法,来分析阅读课外的文学作品。

(三)记叙文表现方法的系统讲解

在《战国策·冯谖客孟尝君》《史记·垓下之围》等作品的讲解后,可列表讲解描写人物的系统方法。叙事作品的表现方法和写景作品的表现方法,都是通过课文重点作品的分析,系统地理出艺术分析的方法。

六、对社会的理解和看法

通过作品的作者对他们所处的社会的看法和理解,引导学生正确地认识过去的社会,理智地理解当今我们所处的社会。诸如:

《诗经·东山》对战争造成的深重灾难的揭露:"果臝之实,亦施于宇。伊威在室,蟏蛸在户。町疃鹿场,熠熠宵行。"杜甫《兵车行》揭露战争给民众带来的灾难:"君不闻,汉家山东二百州,千村万落生荆杞。纵有健妇把锄犁,禾生陇亩无东西。况复秦兵耐苦战,被驱不异犬与鸡。"通过这些惨不忍睹的事实,让学生认识到旧时代民众所遭受的灾难,这是不可避免的历史悲剧。进一步认识战争的残酷性,从而引导学生认识,我们今天生活在和平的中国社会中的幸福,引导学生认识保卫和平的重要性和责任感。

曹植的《白马篇》歌颂和赞美少年英雄崇高的爱国行为和思想:"边城多警急,房骑数迁移。羽檄从北来,厉马登高堤。长驱蹈匈奴,左顾凌鲜卑。弃身锋刃端,性命安可怀?父母且不顾,何言子与妻!名编壮士籍,不得中顾私。捐躯赴国难,视死忽如归。"现当代著名诗人艾青在《我爱这土地》中借助鸟的啼唱,抒发了自己对祖国浓烈的爱国情感:"——然后我死了,连羽毛也腐烂在土地里面。为什么我的眼里常含泪水,因为我对这土地爱得深沉……"还有优美的描写山水自然美的诗文的阅读,由此来激发学生热爱祖国的感情。

七、对人生的理解和领悟

职业院校阶段是职业院校生一生中最重要的阶段，是他们的世界观形成的阶段，也是他们思想成熟的时期，通过诗文作品的阅读，引导他们在对前人处理人生的种种矛盾的经历中，如何领悟自我，如何正确地对待自己。诸如：

李白的《行路难》表现出作者始终保持着积极向上的人生观。李白在"金樽清酒斗十千，玉盘珍馐直万钱。停杯投箸不能食，拔剑四顾心茫然"的不得志悲苦到极点的时候，没有消沉，没有颓废，而是对人生充满希望："闲来垂钓碧溪上，忽复乘舟梦日边。"面对没有出路的残酷现实"行路难！行路难！多歧路，今安在？"他更不是自暴自弃，而是具有强烈的自信心："长风破浪会有时，直挂云帆济沧海。"由此，引导学生认识在就业难所带来的巨大的压力面前，在将来人生的路上遇到挫折和失败的时候，应该像李白那样始终坚信"天生我材必有用"，积极地面对人生，永不言败。只有这样，才能走好人生的道路。

苏轼《临江仙·夜归临皋》词，更能启发学生面对人生的苦恼、烦闷、忧愁、不顺心的事，如何保持平静的心情、达观的态度、乐观的情绪去对待和处理？在遇到社会矛盾和与人冲突的时候，如何学会理解和宽容？这首词的上片"夜饮东坡醒复醉，归来仿佛三更。家童鼻息已雷鸣。敲门都不应，倚杖听江声"，作者三更半夜归来，面对家童酣睡而紧闭大门，面对"敲门都不应"的冷遇，怎么办？作者不是恼怒，也不是谩骂，更不是极力敲门不止，而是以宽容的态度，任其自然，让家童睡他的觉，自己静静地"倚杖听江声"，耐心地等待。这样，既没有给自己带来恼怒的心情，也避免了与家童的激烈冲突，于人于己都有利。苏轼的这种宽容达观的为人处世的态度，很值得今天的人们学习，尤其是血气方刚的青年人，在面对自己与社会矛盾的时候，在与别人发生冲突的时候，最容易走极端，甚至一时冲动，会做出犯法的事。尤其是毕业后，面对寻找工作难的烦恼、爱情波折的痛苦、购买住房难的苦恼、成家后的种种负担的苦闷等，就需要具有苏轼的这种善于理解和宽容的心态，才能冷静地对待、理智地处理，而不至于走向反面。

笔者在近 30 年的"职业院校语文"的教学实践中，逐渐地体会到理解领悟的教学方式，是切合职业院校生实际的一种有效的教学方式，受到历届学生的认可和好评。

当然，重点放在对作品的理解领悟，并不是不讲作品的字词句，不介绍作家的生平。而是把文言文作品的疏通，在课前布置任务，让学生结合书上的注解，课前先预习，老师在课堂上只讲解重点和难点的句子。这样可以调动学生阅读课文的主动性。

第五节 "N+2"考核模式下的语文建设与教学改革实践

一、职业院校语文教材的编写和利用

据有关人士统计，到目前为止，职业院校语文教材的数量将近百种，体例各样，系统不一，有按文体分类，有按时间先后顺序编排，有古今中外都有的，也有只包括中国文化内容的，可谓花样繁多。但在实际教学过程中，我们发现，每一种教材都有自己的特色和明显的不足，难以尽如人意。笔者认为，就教材编写而言，需要认清以下问题：

（一）教材编写的关键：符合学生的学习需要

学生是教学的主体，职业院校语文教材的编写应充分考虑到学生的学习需要，正确地估计学生已有的语文知识和能力积累，不要太熟悉也不要太简单，适当考虑教材的陌生化效果，不要让学生拿到教材时有一种太熟悉的失望情绪。编写教材之前应认真调查研究预期的教材使用者的知识背景和中学阶段教材的内容体系安排，这样，我们才能做到有的放矢，安排有联系的知识内容，避免学过的内容重复，编出一本符合学生实际接受水平的教材来。

在教材难易度确定的情况下,教材的编者还要考虑教材合适的规模。如果从课堂教学这个环节来讲,随着职业院校语文课时的不断压缩,职业院校语文课堂教学时间在不断减少,教材内容以精要为好。但如果从长远的教学效果保证和实现的角度来考虑,笔者认为,教材内容不妨丰富厚实一些。教师可以根据课时安排及教学情况,有针对性地选择一些重点篇目和知识进行讲授,未讲授的内容,教师可根据自己的教学目标,安排一定篇目要求学生课下阅读,或者让学生根据自己的个人喜好,自由学习,以此为有限的课堂开拓更多的学习空间。因此,合理的教材编写,应当安排一定的精讲精读篇目,同时安排一定量的泛读篇目,既给学生提供学习教材,又给学生提供方便的延伸阅读材料。

(二)教师的适当利用

教师作为教材的一线传播者、讲授者,作为教学大纲和教学计划的具体实施者,决定着教材编写的预期效果能否实现。而教师对教材的利用,受制于教师自身的学识阅历和学术背景,受制于教师对教材知识的取舍与侧重安排,受制于教师本人的教学思想和理念。面对纷纭变化而又丰富多彩的教材市场,教师不但要对职业院校语文这门课程的地位和本质特点有一个准确的理解,而且要有一个坚定的文化立场。基本知识要点的具备是决定职业院校语文教材质量的关键。

尤其是在当前新形势下,职业院校语文课时在不断地被压缩,有些偏于应用型、理工类高校职业院校语文课时更少,只有36学时甚至32学时。在如此有限的时间里去传播丰富的语文知识和人文精神,对语文教师来说无疑是一个挑战。我们需结合自身的专业特点、教学特点,再结合学生的现实需要,对丰富的语文知识做适当处理,去选择、构建我们最适用的教材。因此,对语文课程来说,真正影响语文教学质量的是教师的素质和业务水平,以及其文学功底、人格魅力和讲课艺术等,这些才是影响语文教学效果和教学质量的关键所在。

因此,作为一名语文教师,我们要正确地看待和利用教材,我们需要教材,但不能过分依赖教材,教材只是无边的知识海洋的眼,只要我们知识丰富,就可以游刃有余，随处掘井，就能挖出丰富的宝藏来，把有用的知识和人文精神传给学生。

二、教学过程中的几点思考

（一）教学时间的安排

职业院校语文开设时间宜在一年级第一学期。对那些不间断地学了十几年语文的新生来说，他们已经习惯了语文这门课程的存在，职业院校语文在一年级第一学期开设可以保证语文课程学习的连续性，同时也最适合入学新生的心理需求。大二以后，特别是大三开设这门课，无论是从课程学习的连续性还是从学生的接受心理角度来考虑，都是非常不科学的。笔者多年的职业院校语文教学实践证明，大一新生学习语文态度端正，而且学习效果最佳。职业院校语文作为人文素质课中的一门基础课程，它应该在学生入学之初，就发挥其改变、提升职业院校生人文精神和人文素质的重任，为其进一步的专业知识学习和高质量的职业院校生活打下良好的基础。

（二）教学过程中需要注意的问题

（1）上好第一节课。一个学期的课程，最重要的一堂课是第一节课。

（2）改变学生的学习习惯，变被动接受为主动学习。教师在课堂上精讲细解，把每一个知识点嚼烂嚼细，让学生接受，学生大多是不论喜欢不喜欢、感兴趣不感兴趣，一味地被动接受。但职业院校语文却不能仍然按照这个老办法去做，职业院校语文教学的终极目的，是提高学生素质、培养学生能力。因此，我们要改变学生以往的学习方式和思维习惯，鼓励他们积极思考、主动发言，让他们建立表达自己思想的心理需求和勇气，变被动接受为主动学习。

（3）提供足够的参与机会。要改学生以往的被动学习为主动学习，就必得留一部分课堂时间给学生，让他们有足够的参与机会。让他们将简单的知识记忆转变为灵活得体的知识运用和精彩展现。可通过给学生布置课下任务，给他们创造学习动力。要求他们在课下精心准备,让他们自己去寻找自己感兴趣的文学话题,发现自己的学习兴趣,深入理解自己所要讲解的知识点,充分地利用图书馆和网络资源,在充分认知和学习之后,给每个学生提供几分钟上台发言的机会。实践证明,这会大大激发学生自主学习兴趣,同时也可以锻炼他们查找资料的能力、口头表达能力和自我表现能力等各种技能。

(4)加强自学能力的培养。职业院校语文课堂教学时间非常有限,老师能够告诉学生的知识也非常有限。宋代著名教育家朱熹曾说,教师只是学生的引路人而已,学生真正永远的老师应该是书本和他们身边的社会生活。因此,我们应当在培养学生的学习兴趣、教会他们学习方法上下功夫,通过我们的教学活动,向学生传达正确的学习态度和方法,培养学生的自我学习能力。学无止境,真正要掌握好一门知识和能力是需要学生全身心投入和长期努力的,只有通过长期自觉的课外学习,才能不断地获得自己所需的知识和能力,因此,让学生具有自学意识和自学能力至关重要。

(5)注重思维和表达能力的提高。开设职业院校语文课的根本目的,不是让学生多掌握几个知识点、多了解几部文学作品、多认识几个文学家,而是提高学生的人文素质。而人文素质的一个重要体现,就是较强的思维和表达能力。进入职业院校之后,高考式的检验手段不复存在,有部分理工类的学生,有大量的专业课需要学习,整天和公式、数字打交道,对语文的重视程度大大降低,有人甚至以为即便取消职业院校语文课,对他们并无直接的影响。事实并非如此。高校学生毕业之后,过硬的专业知识、良好的思维能力和表达能力都很重要。语文课程的开设,应以提高学生的思维和表达能力为终极目标,有了很好的思维能力和表达能力,学生在工作和生活中才会游刃有余,这对培养出有实际生活能力的职业院校生有着重要的作用。

(6)教给学生正确的思维方法和深刻的眼光,透过现象看本质。职业院校语文更多的是通过文史知识的感知和接受来了解和感受历史和现实人文精神。丹纳说:"作品的生产取决于时代精神和周围风气。"文学来源于生活,文学的品位和性质直接受作者的思想观念支配,同时必然受当时社会大环境的影响。什么样的社会有什么样的文学,什么样的人写出什么样的作品。作为语文学习者,应该深刻认识到文学作品与社会、时代之间的密切关系,能够看到文字背后的历史真实和社会现实,不能只满足于书本上的文字内容和所谓权威解读,正如孟子所说,尽信书不如无书。我们应该引导学生做一个勇于探索真理的学习者,应有揭开虚假历史、抹开表面浮云的眼光和勇气,这是语文学习者应有的精神境界。因此,语文教师有义务教给学生分辨真假明暗的能力和眼光,在自由的授课氛围中培养学生大胆怀疑、独立思考、勇于创新的精神。

三、改革考核方法

作为一个语文教学工作者,除了有高深的专业知识、教学水平、正确的教学理念和教学方法,同时还需要有公平、公正、高效的考核方法,以促进教学效果的实现。我们要改变以往单一的考核方式,采用全面覆盖学生学习全过程的考核体系,进行真实、客观、有效的成绩考核。

(1)注意考勤与学生表现。考查学生的上课出勤率和上课表现,主要是考查学生的学习态度。出勤率的高低可以看出学生的上课态度是否积极认真,课堂上的表现也是考查学生学习情况的重要依据,如态度是否懒散、注意力是否集中、听课是否认真、是否勇于发言和勤于思考等,这些内容都应纳入语文学习的总成绩,确保考核的真正公平、有效、客观,避免"一张试卷定高下"式的武断。防止有些学生平时不上课,不认真听课,但期末时抄抄别人的笔记,花几天时间猛背知识要点,也能考出不错的成绩来。因此,老师注意学生平时的学习表现,可以有效防止不重过程只重结果或靠投机取巧获得好成绩的不良现象发生,同时可以促进良好学风的形成。

(2)布置作业。职业院校语文课堂教学的课时有限,为巩固和拓展课堂教学效果，有必要在每一教学单元完成之后布置一定量的作业，当然布置作业最好采用较为灵活的命题方式，可以让学生课下自主阅读，或者让学生以自己感兴趣的或自己最有体会、最熟悉的作家或文学现象为写作对象，写作小论文或读书笔记等。这种作业次数总量至少在两次以上，作业质量可以从选题、构思、观察的深度、思想的深刻性以及语言表达等方面进行考核，将考查结果作为学生语文课程学习总成绩的一部分记入学生学习档案。

（3）正式测试两次。考试不是目的，考试只是促进学生学习的一种有效手段，考试前教师有必要抽出一部分时间对本学期所学主要内容做一个总体回顾，指导学生进行全面和深入的复习，使学生在备考过程中将本学期所学的重点内容深度消化。期中测试一次，主要就前半学期所学内容进行一次复习式的训练，可以做几个有概括性的大题目，这既可以复习一下前面所学内容，也有利于进一步强化学生的学习意识，为后半学期的继续学习做好心理和思想准备。期末测试一次，检查学生本学期总体学习情况。当然，如何考试也是个问题，笔者认为，语文考试，知识点的记忆、背诵考点应该控制，考一些能考查学生思想和认识能力的问题，鼓励老问题有新解释，从人云亦云的答案中，我们无法辨别学生有没有自己的心得体会。试题不要模式化、规范化，模式化、规范化优点是明显的，但缺点也是明显的。优点是标准客观统一，便于裁定；缺点是试题答案都规范之后，学生的发挥余地就变小了，甚至没有发挥的余地，学生都按照书本来，将答案背下来答题。这是笔者最不愿意看到的答题结果，笔者想看到学生自己的思维活动，哪怕是肤浅的、偏激的，甚至是不正确的，看到学生对面前的问题有自己的思考，这才是笔者想要看到的、期待的结果。

（4）注意平时成绩和期末考试成绩的比例适当。笔者所在学校规定，平时成绩占总成绩的60%，期末考试成绩只占总成绩的40%，这种设置理念的出发点是对的，平时成绩比例很大，表明我们对学生学习过程的重视，过程决定结果，态度决定效果，这是人所共知的事实。但正确并不等于完满，针对这一规定，有些同学平时保证上课出勤率,也能抄出质量不错的作业,有些同学平时成绩很好,有八九十分之多,按照比例一折算,不用考试已经有了 50 分左右的成绩,这就意味着期末考试,对及格万岁的学生来说,只要考出 20 不到的卷面分就可以及格了,那么期末考试对一部分同学来说,就失去了控制力和威慑力。他们期末根本就不用认真准备,拿到试卷,象征性地做几题,考个三四十分,不会影响这门课程的合格通过。这种情况在一线教学过程中时有发生。为能真正全面控制学生的学习过程,笔者认为,我们在设立平时成绩与期末成绩的比例的同时,还应设定三重合格条件,要求学生平时成绩、期末成绩、综合成绩分别达到一个确定的标准,三标都达成了,这门课程的学习才是全面合格,彻底通过;否则,就不算合格。这样,我们才能发挥成绩考核的作用,真正控制学生学习的全过程。

第六节 媒介素养教育与高职生人文素质

信息时代的大众传媒正在成为人们获取知识的基本途径,但与此同时,大众传播也带来了一系列的社会问题。在市场经济条件下,大众传媒的传播手段日益多样化,传播环境日益复杂,尤其是有些大众传媒将追求利润作为自己的主要目标,为了迎合受众或某些利益集团而丧失传播道德和职业操守,从而损害公众的利益。职业院校生的世界观、人生观、价值观正处在形成与发展中,因此进行正确的媒介素养教育不仅关系着学生个人人文素质的全面提升,而且关系着国家和民族的兴衰。

一、媒介素养与媒介素养教育

媒介素养是指正确地、建设性地享用大众传播资源的能力,能够充分利用媒介资源完善自我,参与社会进步。主要包括受众利用媒介资源动机、使用媒介资源的方式方法与态度、利用媒介资源的有效程度及对传媒的批判能力等。据美国媒介教育研究中心对媒介素养做出的定义,"媒介素养是指人们面对媒介各种信息时的选择能力、理解能力、质疑能力、评估能力、创造和生产能力以及思辨的反应能力"。

所谓媒介素养教育,就是指导学生正确理解、建设性地享用大众传播资源的教育,通过这种教育,培养学生具有健康的媒介批评能力,使其能够充分利用媒介资源完善自我,参与社会发展。

媒介素养教育起源于20世纪30年代的英国。当时的英国学者发现,大众传媒带来的流行文化和新兴价值观中相当一部分有悖于传统文化和正统观念。1933年,英国学者利维斯在《文化和环境:培养批评意识》一书中首次提出要大力倡导媒介素养教育,以此教育学生认清并抵制大众传媒的消极影响。20世纪80年代后期在加拿大的安大略省进行的关于媒介素养教育的尝试,标志着媒介素养教育开始作为学校教育的一项重要内容。随后逐步在西方国家推行并形成规模,目的就是培养受众的媒介批判意识以及使用和解读媒介信息所需要的知识、技巧和能力。

二、我国职业院校生媒介素养现状

我国职业院校生媒介素养状况具有如下特征:

(一)媒介接触使用

职业院校生接触媒介渠道更加多元化,对各类媒介的消费普遍在中度水平,媒介接触较频繁,其中对网络的消费接触较为突出。但媒体消费还缺乏理性,表现出较强的目的性和功利性,大部分把了解信息、消遣娱乐作为媒介接触的主要动机。

(二)媒介认知

职业院校生对传媒的范畴、商业属性有着较为明确的认识,对主要媒介的内容有基本的了解,但对传媒历史的了解不多。职业院校生能意识到媒介对自己知识结构、观点思维方面的影响，却忽视了媒介对价值观等其他深层次的影响。

（三）媒介能力

在利用媒介资源能力和参与媒介成品制作方面，职业院校生对新闻、娱乐媒介工具较熟悉，但对学术资源工具的利用还相对陌生。在媒介成品制作和媒介工具选择上，新闻传播学专业的学生以及与信息技术相关学生的能力明显高于其他专业。此外，职业院校生获取利用信息还不够积极主动，参与媒介互动和媒介内容制作的人数比例也很低。不过，网络媒体的出现降低了受众参与门槛，扩大了职业院校生媒体参与的空间。

三、职业院校生媒介素养教育的必要性

职业院校生正值世界观、人生观、价值观逐步成熟的时期，在个人终身发展中起决定性影响的职业院校阶段，对职业院校生进行科学的媒介素养教育具有事半功倍的效应。对提升我国职业院校生人文素质，培养未来社会的合格公民具有重要意义。

首先，媒介素养教育有利于职业院校生在媒介环境中学会甄别、选择和反思媒介内容，理性地认识媒介，自觉抵制有害信息。当下，如何获取自己想要的信息则成了一种很重要的技能。

其次，媒介素养教育对职业院校生社会化进程有着深远的影响。一方面，职业院校生毕业后步入社会，走上工作岗位。在日常的生活工作中，在与社会的各种交流互动中，他们会自觉或不自觉地通过人际传播、组织传播等多种形式将自身在职业院校期间习得的媒介素养知识传授给同事、亲朋好友等，实现媒介素养教育从职业院校到社会的进一步铺延。另一方面，职业院校生毕业后多数都到了结婚生子的年龄。在哺育下一代的过程中，这些受过正规媒介素养教育的职业院校生父母就可以有意识地将媒介素养融入对子女的教育中，让后代有一个很好的媒介素养启蒙教育。

为了达到高校职业院校生媒介素养教育的目的，针对目前高校职业院校生媒介素养教育中存在的问题，可采取以下几个切实可行的措施：

（一）全面加强媒介素养教育课程建设

虽然在当代，职业院校生获取信息、接受教育的方式多种多样，但是学校教育依然是一种最基本也是最重要的教育方式。在职业院校教育中引入媒介素养教育课程，是培养学生媒介素养最有效、最科学的方法之一。

1. 教学大纲的制定

高校应认真学习国外媒介素养教育的经验，总结我国的教学实践，构建适合我国国情的职业院校生媒介素养教育课程体系。开设相关的媒介素养课程作为职业院校生的必修课或选修课，教学内容上要与实践相结合，通过对新闻事件或特定媒介话题的讨论，采用师生互动交流的模式来激起学生的兴趣，提高学生的认识、分析媒介现象的能力，让学生在具有一定批判能力的基础上通过老师的引导和点拨，树立起一种更为理性的媒介批判意识。

2. 师资队伍的培养

教师是进行媒介素养教育的核心力量，能不能推行媒介素养教育，关键在于师资。目前，我国媒介素养教育正处于起步阶段，高校中普遍没有专门从事媒介素养教育的师资，高校可以充分利用本院校新闻传播专业院系或者对此有一定研究的师资力量开展媒介素养教育。在充分调动新闻等专业教师积极性的同时，对一些非新闻传播专业的教师，开展各种形式的培训，最大限度地提高教师的媒介素养，使他们能够将媒介素养教育的内容融入各学科教学中。

另外，师德培养也是师资队伍建设的一项重要内容。课堂教学中，教师的主导地位决定了他们在课堂教学质量中的关键性作用。师德修养是教师进行课堂教学的基本素质之一，他们的道德品质、知识底蕴、语言才能、人格魅力无不深深地影响和感染着学生。因此，加强学生人文素质培养，首先必须注重师德、师风的培养，提高教师的道德修养、知识底蕴和人格魅力。

3. 优秀教材的建设

教材建设也是高校媒介素养课程完善的重要方面。高校可引进统一规划教材，也可以由专业教师在国家课程标准的指导下编写校本教材。有关资料显示，我国第一本针对职业院校生传媒素养教育的著作是2004年上海交通职业院校谢金文博士的《新闻·传媒·传媒素养》，而其他富有针对性、普及性的教材还未面世，可见教材建设尚有较大的空间。

（二）邀请知名专家、学者及媒体人士来校讲学

高校可以邀请传媒教育专家、学者和媒体人士走进校园，以专题讲座的形式开展媒介素养教育。传媒教育专家、学者和媒体人士来校讲学是高校职业院校生的愿望，也是高校教师课堂教学的一个重要补充。通过与职业院校生面对面的交流与沟通，向职业院校生传授媒介知识、讲解媒介使用技巧等，使学生对媒介和媒介信息有正确的认识，对传媒实务和传媒运作有更深刻和更全面的了解，将有力促进职业院校生媒介素养的提高。

（三）通过校园文化活动开展媒介素养教育

以校园网、广播站、校报和校电视台等为平台，以新闻传播类专业学生为主体，吸引其他专业的爱好者一起，为他们提供传播媒介产品的机会，不仅让职业院校生广泛接触到媒介知识，还让他们广泛参与新闻采访报道、电视节目制作，参与校内这些主流媒体组织的各项活动，以获得关于媒介的切身体会。

除此之外，在当代职业院校校园中，社团的地位越来越被重视。可以吸引学生参加社团所开展的活动，最大限度地调动学生自主学习、创造性学习的积极性。加强实践环节，开展多种形式的实习实践活动，如参加DV制作大赛、网页制作大赛、影视评论正文等活动，让学生更多地走向课外，在实践中发挥学生的主观能动性，使其在实践中提高自身修养。

（四）媒体参与共建职业院校生媒介素养教育平台

大众传媒拥有强大的信息传播功能，在媒介素养教育知识的传播上，可以充

分利用自身的传播优势进行推广。充分调动自己拥有的媒介资源，在报纸、广播、电视、网络等媒介上播放公益广告，开设知识专栏，加强对职业院校生媒介素养教育阶段及进展的宣传报道等，大力推广媒介素养的概念及内涵，促成全社会对媒介素养重要性的认识。

定期组织高校职业院校生进媒体参观访问，让职业院校生直接接触到媒介运作过程；安排职业院校生进媒体实习，吸引职业院校生参与制作媒介产品；设置职业院校生互动性栏目或深入高校校园举办互动性活动，以现场感吸引职业院校生参与。

媒介素养教育能够使职业院校生以积极的态度对待媒介，以科学的态度使用媒介，从媒介中获得自己学习和工作所需要的信息，通过媒介得到健康的娱乐，进而提高自己的审美情趣和标准。媒介素养教育同样也是职业院校生素质教育的一部分，职业院校生通过媒介素养教育可以提高自身人文修养，掌握媒介传播的知识与技能，更好地参与国家和社会事务。

参考文献

[1] 陈继会, 汪永成. 守道：研究生人文素养教育与培养 [M]. 郑州：大象出版社, 2014.

[2] 王步高, 何二元. 大学语文教育与研究 [M]. 南京：南京大学出版社, 2009.

[3] 王茂春, 赵齐阳. 人文素养与应用语文 [M]. 高等教育出版社, 2012.

[4] 刘英. 在语文教学中提升学生人文素养的研究 [J]. 青春岁月, 2013(15):2.

[5] 全崴. 基于职业综合能力与人文素养培养的"双轨式"高职大学语文教学研究 [J]. 中国校外教育旬刊, 2013.

[6] 陈文君. 大学语文教育中人文素养培养研究 [J]. 科教导刊：电子版, 2018(33):2.

[7] 于宏凯. 基于大学生人文素养和语文水平谈大学语文教学改革研究 [J]. 课程教育研究, 2017(26):1.

[8] 贺建秀. 探寻语文教育育人路径研究 [J]. 读与写：教育教学刊, 2018(8):2.

[9] 张红灵. 大学语文教学与大学生人文素养培育研究 [J]. 语文课内外, 2017.

[10] 王玲. 浅谈如何在高中语文教学中融入人文素养研究 [J]. 2020.

[11] 秦先斌. 高中语文教学中人文素养教育构建思路与实践研究 [J]. 文存阅刊, 2020(35):81.

[12] 林红霞. 高职院校语文教学与人文素养教育的融合研究 [J]. 百科论坛电子杂志, 2020(6):1043.

[13] 尹携携. 大学语文教学与大学生人文素养培育探讨 [J]. 产业与科技论坛,

2020(10):2.

[14] 孙丽. 高职院校语文教学与人文素养教育的融合研究 [J]. 当代教研论丛, 2020(2):2.

[15] 古力巴哈尔·莫拉尼亚孜. 高职语文教学渗透职业精神与人文素养研究 [J]. 世纪之星（交流版）, 2021(30):2.

[16] 呼艳. 高职语文教学渗透职业精神与人文素养研究 [J]. 陕西教育（高教版）, 2022(1):57-58.

[17] 王子欣. 大学语文教学与大学生人文素养培育研究 [J]. 成功：上, 2021(12):3.

[18] 王艳杰. 高校语文教学如何体现其人文素养研究 [J]. 知识经济, 2014(6):1.

[19] 杜程霖. 大学语文教学与人文素养教育研究 [J]. 文学教育：中, 2014(5):2.

[20] 陈金灿. 在语文教学中提升学生的人文素养 [J]. 试题与研究:新课程论坛, 2015(25):1.

[21] 尹疆捷. 浅谈语文教学中学生人文素养的培养 [J]. 教育实践与研究 (B), 2014.

[22] 黄昕. 略谈语文教学中学生人文素养的培育 [J]. 基础教育研究, 2010(16):28-29.

[23] 孙瑞明, 辛成华. 提高学生人文素养的研究与实践 [J]. 小学语文教学, 2003(10):2.

[24] 雒晓春. 文学本位, 人文素养与语文教育的终极使命 [C]// 高教改革研究与实践（上）：黑龙江省高等教育学会 2003 年学术年会论文集 .2003.

[25] 沈素玲. 在语文教学中提高学生人文素养的目标和策略 [D]. 河北师范大

学,2023.

[26] 王志华.大学语文教学与人文素养教育[J].教育教学论坛,2010(8): 156-157.